プロレスラーは観客に何を見せているのか

TAJIRI

草思社

まえがき

「プロレスとはキャラクター産業である」

これは、僕がかつて五年間所属した世界一のプロレス団体WWEのボスであるビンス・マクマホンの口癖である。

彼がWWEを世界一のプロレス組織にまで押し上げることができた理由の一つはこの言葉にある。そしてまた、プロレスについての真理が込められている言葉でもあると僕は思うのだ。

当時の僕らはことあるごとに、この言葉をビンスから聞かされていた。だが現在になって振り返ると、そのころの僕はまだ、その意味がわかったような、わからないような、そんな状態だったように思う。

この言葉の意味が徐々にだが本格的に理解できてきたのは、WWEを辞め、日本へ帰ってきて、ハッスルやSMASHといった団体のプロデュースを僕自身が手掛けるようになってからである。

そして、いまではこの言葉は、僕の中では最重要のプロレス理論にまで昇華されているのだが、その理由や、そう考えるにいたった経緯についてはこれから本書の中で詳述していく。

そもそも、プロレスとはスポーツではないし格闘技でもない。どちらかというと映画やマンガのような「表現の世界」ではないかと僕は考えている。

では、何を表現するのか。

一つはファンタジーだ。プロレスとは、お客さんに日常空間から離れファンタジーの世界で夢を見ていただくもの。僕は、そう考えている。

ファンタジーの世界の住人は、何より魅力あふれるキャラクターでなければならない。ありふれたキャラクターしか存在しない世界にファンタジーはない。

そして、われわれプロレスラーは、そんなファンタジーの世界に生きる存在であり、ファンタジーの世界を構成する「最重要な要素」なのだ。

「プロレスとはキャラクター産業である」という言葉の意味を簡単に説明すれば、そういうことだ。

しかし、この言葉に対しては、こういうふうに反論する人も出てくるかもしれない。

「ではキャラクターさえ確立していれば、試合内容はどうでもいいのか」

もちろん、そんなことはない。

プロレスとは己の心身を鍛え抜いた者同士が、最終的にリングの上で雌雄を決するという舞台設定のファンタジーだ。

あくまで「最後は戦い」になるのだ。

だから「鍛え抜かれている」とか、「技術がしっかりしている」というのは絶対的な前提条件で、「試合内容がいい」ということも含めて、あえて論じるまでもないことだと僕は認識している。

そのうえで、そこから先の話を僕はしたいのである。

この本は、こういうプロレス観を根底に持つこの僕、TAJIRIというプロレスラーが、これまでの二五年間のレスラー人生の中で感じ、考え、たどり着いた「一個人の」「現時点での」結論である。

あくまで「一個人の」「現時点での」プロレス論であり、僕の考え方に異を唱える人がいることも重々理解はしてはいるが、四半世紀にわたってプロレスの世界に身を置いてきた一人のプロレスラーの意見としてどうか大目に見てほしい。

そうそう誰もが足を踏み入れられない場所で、さまざまな形のプロレスを経験してきたＴＡＪＩＲＩというプロレスラーが、旅の途中で得た「見解」を気楽に楽しんでいただけたら幸いである。

プロレスラーは観客に何を見せているのか

目次

まえがき 003

第1章 プロレスラーの条件——入門前・入門後

第2章
職業としてのプロレス
――メジャーとインディー

第3章 プロレスの「技」とは何か——海外と日本

第4章
サイコロジーの帝国
――WWEの教え

第5章
オレたちは新しい何かを創り出している
――ハッスル戦記

第6章 人間は何者かにならなければならない ——SMASHの挑戦

第7章 巨大帝国WWEの変貌 ――システムと個人

終章
そして、いま僕は何をしているのか

第1章

プロレスラーの条件
——入門前・入門後

なぜ現役選手である僕がプロレス論を語るのか

いきなりだが、プロレスラーは「誰にでもなれる職業」なのだろうか。もちろん、誰にでもなれる職業なんかでは全然ないと、僕は思う。

昨年（に限らずわりと頻繁に）、僕はＳＮＳでプチ炎上を経験した。レスラー同士で深夜まで飲み、プロレス談義に熱が入り、酔った勢いでこのようなツイートをしたのだ。

《プロレスってスポーツでも格闘技でもない。表現の世界だとオレは思う。スポーツでも格闘技でもないから、表現しだいで天下をとれる可能性があると思うのだ。だからスポーツより格闘技より面白いと、オレは思う。》

２０１８年8月5日　@TajiriBuzzsaw

このツイートに対し、プチ議論が巻き起こった。

「表現？　格闘技じゃないの？」

「スポーツでも格闘技でもないから、トレーニングする必要もない。それって酒ばっかり飲んでいる言い訳では？」

「TAJIRIさんはそうなんですよね。私はいつも一生懸命に頑張ってる選手を応援してます！」

毎度そうなのだが、酔っているときの僕のツイートは若干（または、かなり）説明不足である。

「まえがき」でも述べたことをあえて繰り返してしまうが、僕の中でプロレスは「しっかりとした強さの土台のある人がやること」というのは前提以前の大前提で、そのうえでの話をしたつもりだったのである。

たとえば、ラーメン屋として店を構えているのであれば、それがどんなにしょっぱい店であろうと、「基本的なラーメンの作り方」を知らずにラーメンを作っているオヤッサンは絶対に存在しない。

それと同様に、プロレスについて語っているのだから、「基本的な身体能力」や「一定以上の技術・強さ」はあって当たり前。そのうえで「どう表現していくかの世界であると思う」と、酔った頭で言おうとしていたのだ。

ただこのとき、さまざまな反応を目にしながら僕は考えた。こういったことを書くとかならずといっていいほど賛否両論が渦巻き、侃々諤々《かんかんがくがく》の論議が巻き起こる。ということは、ファンは興味があるのだ。知りたいのだ。プロレスラーが語るプロレス論を。ならば、そういったことを誰かが書き記したら、これはかなり面白いのではないか。

そんな矢先のことだった、この本の出版社の方と偶然知り合いになったのは。僕が上記のような話を振ると「あ、それやりましょう！」と、話がトントン拍子に進んでいってしまったのだ。

「プロレスという職業の奥深さを伝える、そんな本を作っていただければ」

そんなわけで、そんな本を僕なりに書き進めていくわけだが、まずは最初のステップとして、そもそもプロレスラーになるにはどのような順序を踏んでいかなくてはいけないのか、そこから話をスタートしたいと思う。

「入門テスト」という日本独自のシステムについて

僕の見てきたかぎり、プロレスラーになるための方法は世界各国で違いがある。

アメリカも欧州もメキシコも、日本のボクシングジムと同じように、会費を払えばプロレスラーになるための練習に参加できるジム制度があり、ここからプロレスラーとしての歩みをはじめるのが一般的だ。日本でも最近はそういった場所が存在するが、まだそれほど一般的ではない。

そういうジムで技量を磨いた若者が、アメリカや欧州ではジム関係者のツテを頼りにまずはインディー団体のリングに上がり、あるレベルに到達するとメジャー団体のトライアウト（契約を勝ちとるためのテスト）を受ける。

メキシコの場合は、あるレベルに到達するとプロライセンスのテストを受け、合格した者が晴れてプロレスラーになれる。だいたい、そんな感じである。

そして日本では、プロレスラーになりたい若者は自分が入りたい団体へ履歴書を送り、入門テストを受けて合格すれば、その団体でプロレスラーとしてのキャリアをスタートさせるのが一般的だ。

この日本の仕組みは海外とはかなり異なっており、いわば日本独自の特殊な「入口」ということになる。単純に「数の論理」でいえば、圧倒的にマイノリティといわざるをえない。

しかし、各団体がプロレスラー志望者に入門テストを課すというこのシステム、僕はじつはとても優れたシステム、というか文化(?)ではあるまいかと思っている。

なぜかというと、プロレスの世界の入口に「入門テスト」という高いハードルを課すことにより、志望者にはそれなりの心構えと準備が要求されるからである(僕自身がこの世界に入ったときの心構えと準備については次項で述べる)。

というわけで、日本の場合はまずは履歴書の送付からすべてが始まるのだが、この入門希望者からの履歴書を見ると、プロレスラーになれるなれない以前に、社会人として、はたまた人間としてどうか、というものがときおり混じっているのが面白かったりする。

ちょっと脱線するが、これまでに僕が実際に目にした、変わり種の履歴書の実例をいくつか紹介しよう。

■「全身写真と顔写真をそれぞれ一枚ずつ」と指定されているのに、なぜか二〇メートルぐらい離れた位置から撮影したと思しき、本人が「コロボックルサイズ」に写った全身写真を履歴書の顔写真欄に貼付して送ってきた人。
■「不良なので喧嘩だけは絶対に負けません！」と備考欄に書いているのに、ツッパリポーズでキメた本人写真の足元におうちで飼っているカワイイうさぎさんが一緒に写っていた人。
■本人が写った部屋の中に、丸めたティッシュが散乱していた人。

「スクワット一〇〇〇回」がレスラー志願者の最低ライン

それはさておき、僕の場合はどうだったか。

僕が入門テストを受けたころ（一九九四年）は、何をやるにせよ、現在のように情報を得る手段がなかった。

だから、専門誌などでプロレスラーのインタビューを読んで、「入門テストに受かるには、スクワットを最低このくらいの回数はこなせなくてはいけないのだろうな」

と目星をつけ、毎日かならず五〇〇回、または一〇〇〇回と交互にスクワットに励んでいたものだった。僕が大学生のころの話だ。

そのおかげで、いつしかそれなりの体力がついた。プロレスラーになるためには、まずとにかくスクワット。そんな時代だったのだ。

そういうこともあって、僕が考える「プロレスラーになる（と公言する）ための最低限の体力」は、まずスクワット一〇〇〇回をこなせること。「プロレスラーになっている自分」を想像しつつ、ワクワクしながらスクワットをすれば、一〇〇〇回なんてあっという間のはずなのだ。

僕は大学時代、プロレスラーになるんだと思って毎日スクワットをしていた。テンションが高い日は三〇〇〇回をこなしていた。三〇〇〇回やると、大腿部に太い針を突き刺されたような痛みが走る。これはやったことがある人（レスラー以外で、そんな方はあまりいないと思うが）ならば、「ああ、アレね」と理解できるのではないだろうか。

スクワットを三〇〇〇回やるには一時間半はかかる。脚もきついが、足の裏、足底部がパンパンに腫れてきて途中でクツを履いていられなくなってしまう。その頃合いになると、クツを脱ぎ捨ててスクワットを続けていた。

ちなみに僕が神と崇《あが》める劇画原作者の梶原一騎先生の作品には「スクワット三〇〇〇回をこなすと落ちた汗で足元に池のような水たまりができる」というじつに印象的な描写がある。

実際に真夏の密閉された室内で三〇〇〇回のスクワットをこなしたことがある身としては、「水たまり」というのは少々大袈裟な表現であることもわかってはいるが、それでもこの「水たまり」話は、プロレス幻想を煽りたてる極上のエピソードだなあと、梶原先生の魅力あふれるハッタリに心惹かれてしまうのだ。

さて、入門テストに際して、想定外にキツかったのが「プロレスラーが見ている前でやらされた」ことだ。たとえば、ふだんスクワット一〇〇〇回を余裕でこなせていても、憧れのプロレスラー監視のもとでは三〇〇回ですらキツくなってきてしまったりもする。

これは人にもよるのだろうが、僕の場合はそうだった。

僕が受けたＩＷＡジャパンの入門テストでは、試合前の後楽園ホールで、まずはリング下でスクワットと腕立てと腹筋をやらされた。すると、入門テストの話を聞きつけたディック・マードック、カネック、ヘッドハンターズ、ミゲル・ペレス・ジュニアなどといった一流外国人レスラーたちが控え室からぞろぞろ出てきて、面白がって見物しはじめるのだ。

それだけで緊張し、命じられた回数はなんとかクリアできたものの精神的にクタクタに疲れ果ててしまったものだ。

最後にリング上で各自「自分はこんなことができます、というものをやってみろ」とお題が出たので、僕はヘッドスプリングや器械体操系の動きをいくつかやって終了。無事に合格し、プロレスラーとしての第一歩を踏み出すことができた。僕の場合は、そんな感じであった。

プロレスラーとしての「空気」を身にまとうための時間

かつて日本のプロレス団体に入門すると、丸刈り、厳しい寮生活、外出禁止が当たり前、という時代があった。

現在ではそういう団体もほとんどなくなってしまったのかもしれないが、メジャー団体ではいまでもきっと、それに近いものがあると思う。これは世界でも珍しいシステムではあるが、プロレスラーを育てていく環境としてはとても理にかなっているな、と僕は思う。

なぜかというと、人間には「長い時間、接していた場の空気」に染まっていくという習性があるからである。

生活のためにアルバイトをしていると、プロレスと接している時間よりも別のことをしている時間のほうが長くなってしまい、プロレス側から見れば「あちら側（一般社会側）」の空気に染まってしまうのだ。

だから最初は二四時間プロレスの世界の内側にいて、つねに先輩レスラーと接し、プロレスのことだけを考え続ける「地固め」の時期があるのが理想的だと僕は思う。

とはいえ、いわゆるインディー団体に身を置く選手にしてみると、そういうわけにもいかない経済的事情があることも、同じインディー団体出身の僕としては重々承知している。

僕自身、ＩＷＡジャパンというインディー団体出身で、団体の寮などなく自宅からの通いで新弟子時代を過ごしたし、入門してすぐ先輩に「デビューまでは、……いや、デビューしてもバイトしないと食えないからな」なんていきなり言われて、プロレス界に入れた喜びに氷水をブッかけられた経験があるクチなのだ。

だから、僕がＩＷＡジャパンの入門テストに合格して、いちばん最初にお願いしたのが「事務所で働かせてください」ということだった。

せっかくプロレス業界に入れたのに、業界の外で中途半端に働きたくはなかった。そして何より、プロレス以外のことにエネルギーを使いたくなかった。それで「何でもやりますから、事務所で働かせてください」と頼みこみ、自宅から事務所に通いながら裏方仕事もこなすプロレス人生が始まったのだ。

スタンプを押して大会チケットを作り、街宣カーで流す宣伝テープを作成したり、街中へポスターを貼りにいき、外国人レスラーの送迎もやった。これは英語やスペイン語の勉強にもなったし、外国人レスラーに顔を覚えてもらえるという副産物も生みだして、のちのち海外で役に立った。

プロレス業界に入った以上は、可能な限りプロレスと接することのできる時間と環境を「自分で生みだしていくこと」が肝心だと僕は思うのだ。

その過程で発生する苦労はすべて将来への投資と考え、明るい未来をイメージしつつ、「いつか、この苦労を面白おかしくファンに伝えられる日がかならずくる！」と信じて乗り越えていく。そういうポジティブ思考の持ち主へと自分を改造していく作業も、新人時代には欠かせないと思うのだ。

格闘技の経験がリングで活きる「深い理由」

プロレスラー志望の中高生が選ぶ部活といえばレスリングや柔道で、顧問の先生がいないときに、マットや柔道場でプロレスごっこに興じた時期を経てプロレスラーになった人は多い。

部活でもなんでもいいが、なんらかの「格闘技経験」はないよりはあったほうが絶対にいいと僕は思う。

僕自身、中学では柔道部だった。高校に入ると極真空手を始め、一時期は「若獅子寮（極真会館総本部の内弟子が入る寮）に入る！」と決意して両親を困らせるほどの極真少年だった。

しかしながら、当時の極真少年ならば誰もが一度は思い悩んだであろう「顔面攻撃なくして最強と言えるのか」という疑問を僕も抱くようになり、入門二年目にして極真の道場を離れ、キックボクシングの名門・目黒ジムに鞍替えしたという過去を持っている。

そして、ここからが本題なのだが、プロレスラーになってから「あのころの格闘技経験が活きたな」と思うことが、じつはたくさんあったのだ。

アメリカ時代から現在にいたるまで、僕の最後の決め技はバズソーキックと呼ばれる相手の頭部への回し蹴りだし、ＥＣＷ時代には極真空手式の「ボディブローからのローキック連打」がアメリカの観客にバカ受けしたので多用していた時期がある。

じつはＷＷＥに移ってからも、ボスのビンス・マクマホンに一時期「あのコンビネーション（極真式）を毎回やれ」と言われていたほど。僕の格闘技経験はプロレスでかなり役に立ったと思うのだ。

最初は「アメリカ人がイメージする東洋人の『カラテ・ムーブ』ということでウケているのかな」程度にしか考えていなかったのだが、あるときに、どうもこれはそんな表面的な話ではなく、もっと深いプロレス技術論にたどり着くのではないかと気づいたのだ。

僕自身のそれまでの経験を振り返って考察していくうちに、高校時代に通っていた極真空手の西田道場で教えられたことを思い出した。

西田道場では基本をとことん重視していた。拳の握り方から引き手の何センチというところまで「型の中にすべてが詰まっている」と細かい点まで注意され、全員が正しいフォームを身につけるまで決して次の段階には進まなかった。

「こんなに細かいことが、そんなに重要なのだろうか」。そんな生徒たちの空気を察すると、西田幸夫師範はよくこう言われたものだ。

「いまはわからないかもしれませんが、いつかかならず、わかるときがきますから」

さらに、西田道場では耳にタコができるほど繰り返し、このように言われ続けた。

「腰をしっかり落としなさい。そのクセをつけなさい。無意識にそうなるまでやりなさい」

僕はプロレスラーになってからも、西田道場でのこの教えを無意識に実践していたようなのだ。「ようなのだ」というのは、僕も新人にプロレスを教えるようになってはじめて、そのことをはっきりと意識するようになったからである。

ある日、ある新人レスラーに教えていて、彼の動きに断続的に「ん?」という違和感を覚えたのだ。

これはいったいなんなのだろう。しばらく観察しているうちに、あることが判明した。彼が倒れている相手を起こしにいく際、腰をまったく落とさず、両脚を揃えピンと突っ立ったまま、つまり棒立ちの姿勢で倒れた相手を起こしているからなのであった。

倒れている人間を強引に引っ張って起こすには相当な力を必要とする。だから、腰を落として相手を拾いにいったほうが力学的にも合理的だし、リング上の「画《え》」としてもカッコ良く決まる。

僕がその新人の動きに違和感を抱き、問題の所在に気がついたということは、僕の中にそのような合理性の理屈が備わっていたということである。

理にかなった動きというのは無理のないフォームによって形成されるから、自然とカッコ良く見える。それはプロレスをやるうえで、また教えるうえでも、とても有益なのだが、僕はそれを格闘技の経験を通じて自然と身につけられていたのだ。良かったなあ、バンザーイと、そういうことなのである。

このことだけをとっても、やはり格闘技を経験しておいて損はないと、僕は思うのだ。

ちなみに、この腰を落とさず棒立ちで相手を起こしにいくクセのあった新人レスラーは、かなりの人気者となった現在でも、なかなかこのクセが直らないでいる。本人の名誉のためにあえてその名前は伏せておくが、黒潮〝イケメン〟二郎という男である。

彼はプロレスラーになる前に格闘技の経験がない。ただ彼の場合、それでもあれだけの人気者になってしまったのだから、やはりプロレスの世界には「これだ！」というう唯一の正解などないということになろうか。こういうところにもプロレスの奥深さ、摩訶不思議さを垣間見ることができると僕は思う。

ただし、イケメンの場合は特殊な「天賦《てんぷ》の才」に恵まれていたケースだと思う。僕のように並の才能の人間がプロレスラーを目指すのなら、やっぱり格闘技経験はあったほうがいいと思うのだ。

第2章

職業としてのプロレス

——メジャーとインディー

「とにかく、大きい団体に入れよ」

僕がプロレスラーになる前に通っていたアニマル浜口トレーニングジムの浜口会長は、プロレスラー志望の僕らによくこんなアドバイスをしてくれた。

「とにかく、大きい団体に入れよ」

二五年前はまだそういう時代だった。浜口会長の中に、インディー団体について良いイメージはきっとなかったと思うのだ。

僕が「ＩＷＡジャパンに入ります」と報告したところ、浜口会長は顔をしかめて、

「ううん……おまえ、それはもう少し待てよ……」

そう言って、気合いの入らない顔で沈黙してしまった。

すでにご存じない方がほとんどだと思うが、僕がデビューしたＩＷＡジャパンという団体は、元プロ野球選手・桑田真澄さんの暴露本を書いて有名になり、紆余曲折を経てプロレスラーになった中牧昭二さんがエースだった団体。

そんな胡散くさい団体に「ウチの弟子を入れちゃって大丈夫かなあ?」と浜口会長が不安になったのも、いま思うとわかる気はする。

ただ、僕がこの団体を選んだのには明確な理由があった。

IWAジャパンに入団して活躍すればメキシコへ渡れる可能性がきわめて高かったのだ。なぜかというと、海外の、特にメキシコとアメリカに太いパイプを持つビクター・キニョネスというプエルトリコ人が会長に就任していたからである。

要は外資系のプロレス団体……そう言いきってもいい、そんな特殊な団体だった。ビクターが海外から連れてくる外国人レスラーたちを中牧さんをはじめとする日本人選手が迎え撃つ。そんな図式の団体だった。

そもそも、僕がプロレスラーを目指したきっかけは、大学二年生のときに浅井嘉浩選手、つまり現在も活躍中のウルティモ・ドラゴンの中身の人の試合を見たことだった。

このウルティモ・ドラゴンの中身の人……いや、こんな言い方はヤボなのでこの際「浅井さん」と書いてしまうが、浅井さんは身体のサイズ的に日本でデビューできず単身メキシコへ渡り、現地で世界王者となって日本に逆輸入された。

僕が見たのは日本に初登場したばかりのころで、当時はまだマスクを被らず素顔のまま本名で戦っていた。

メキシコのプロレスをパッケージで輸入し、シリーズを終えると全員またメキシコへ帰っていく、まさに夢のプロレス一座だったユニバーサル・レスリング連盟。そのリングで戦う浅井さんの姿に、僕は一夜にして人生を変えられてしまったのだ。

祖国でかなわなかった夢を果たすため異国へ飛び、世界王者となって凱旋したばかりでなく、さらなる野望を抱いているのが明らかなその佇《たたず》まい。まさに僕が神と仰ぐ梶原一騎先生の劇画に登場してくるキャラクターの実写版だった。

浅井さんのビジュアルもカッコ良かったのだが、それ以上にその「生きざま」のカッコ良さに僕は打たれた。そして、その日のうちに決心した。

「あの人と同じような生きざまを見せるのだ！」

だから僕はプロレス入りする以前から、浅井さんのようにいつかメキシコへ渡って成り上がるという計画を立てていた。

だからビクターが会長をしているＩＷＡジャパンは、僕にとって格好の団体、というよりも、僕のために発足した団体だと信じていた。

稼げる場所へ「導いてくれる人」の存在

しかし、憧れのプロレス界に入ってはみたものの、実感したのはメジャー団体とインディー団体の違いだった。いや、実際のところ、メジャーの側はまったく経験していないので、インディーの側から勝手に「これがメジャー団体なら……」と一方通行的に考えていただけなのだが。

それはともかく、メジャー団体とインディー団体には歴然とした格差があった。メジャーのプロレス団体なら、プロレスだけに没頭できる素晴らしい環境が整っているので、内部でコツコツと上を目指していくことができる。だが、インディー団体では食っていくことすらままならない。

前述したとおり、生活のためとはいえ「プロレス以外のこと」に大事な時間を割かれてしまう。そんな生活もそれなりに楽しかったりするのだが、そのレベルの幸せに埋没してしまっていては、せっかくプロレスラーになった甲斐がない。

では、インディー団体に入ったプロレスラーが人並み以上に稼げるようになるために、もっとも重要な要素は何か。

じつはそれは、稼げる世界へ「導いてくれる人」と出会うことなのである。

これはインディー団体出身である僕の一つの結論で、この「導いてくれる人」に出会えるかどうかでインディー出身レスラーの人生はある程度決まってしまう。

僕の場合はＩＷＡジャパン会長のビクター・キニョネスが「導いてくれる人」だった。自分一人でやれることはたかが知れている。そして、導いてくれる人は誰のまわりにもきっと一人はいると僕は思うのだ。

この「導いてくれる人」の話は、とても大事なことなので後述しよう。

「人に見られていること」を意識できているか

世界的に見ても、日本人レスラーの技術レベルは高いとされている。

事実、海外ではビックリするほどヘタクソなプロレスラーに遭遇することもしばしばあるが、日本では（ある一定水準以上の団体には）そういうレベルの選手はほぼいない。

僕の場合、ＩＷＡジャパンで最初にプロレスを教わったのはミゲル・ペレス・ジュニアというプエルトリカンのレスラーだった。ビクターのいちばんの子飼いの選手で、WWEでもボリクアスというプエルトリカンチームの一員として長い期間活躍した超一流レスラーである。

ＩＷＡジャパンに入門し最初にペレスから教わったのは、基本中の基本であるデングリ返し（前転、後転）。この「デングリ返しから練習を始める」のはメキシコ流だ。日本でもメキシコ修行経験のあるレスラーが増え、ルチャ的な練習体系が広まり、いまはどこの団体でもたいていデングリ返しから始めるようである。

そしてここから先、プロレスの練習に関する僕なりの持論を少々展開させていただく。一言で言えば、プロレスの練習というものは、ただ量をこなせばいいという単純なものではないということで、そこにプロレスの奥深さを探るヒントが隠されているのだ。

WWEでキャリアを重ね、日本に戻ってハッスルのリングに上がるようになったころから、僕は新人たちを教える立場も兼ねるようになった。

その中から、新日本プロレスからWWEに移籍したKUSHIDA、キックボクシングや総合格闘技UFCでも活躍し、現在は本格的にプロレスに戻ってきた朱里、最近ますます勢いを増している黒潮〝イケメン〟二郎たちがデビューを果たし、いまや国内外の大きな舞台で活躍している。

彼ら全員に、僕はまずデングリ返しから教えた。しかし、デングリ返しといっても、ただたんに綺麗に回転すればいいというものではない。僕の場合「自分がまわりたい方向へ進むための仕組み」を理解してもらうためにデングリ返しから教えたのだ。

デングリ返しには、視線を真っすぐに向けて前転すると真っすぐに前方に、右を見ながら前転すると右へ、左を見ながら前転すると左へ向かっていくという原理がある。その原理を体得してもらうためのデングリ返しなのだ。

「最初に視線ありき。その後、身体がその方向へ向かっていく感覚」を身につけるためにデングリ返しから始めるわけだ。まず最初に、そういった理屈をかならず言葉で説明していくのである。

デングリ返しは、いわばプロレスにおける「歩行訓練」といえる。

そして、リングに上がるための第一歩であるデングリ返しに限らず、すべての練習は、それが「プロレスの練習である」という意識を持って取り組むことが何よりも重要だ。僕は新人には繰り返しこのことを言う。

どういうことかというと、自分たちがやっているのは「見られるための練習」だということである。お客さんに「見られる」ためには、普通であってはいけない。そこに何らかの価値、「見るに値する何か」が備わっていないといけない。

だから僕は新人たちには、練習の初期段階からこういう指示をする。

「リングに立ったと仮定して、『雰囲気』を出してデングリ返しをしてください」

プロレスラーは「人に見られること」「人の視線を集めること」が大前提。だから、デングリ返し一つとってもそこに「尋常ならざる雰囲気」が漂っていなければいけない。リングへ入った瞬間から、その場の空気を一変させなければいけないのだ。

「この人、いまから何をするんだろう?」

「この人、いまから何か凄いことをしそうだ!」

見ている人に「この人、何かあるな」と思わせる。「あの人、歩いているだけで絵になるねえ」でも、「立ってるだけなのに、なんかかわいいねえ」でもいい。見ている人の視線をいかに自分に集めるか。そのために「雰囲気を出すこと」を意識するのだ。

繰り返しになるが、プロレスは「人に見られること」が大前提なので、「見るに値する何か」を提示できないプロレスラーには存在理由がない。だから、どんなときにも「人に見られること」を意識する。

下手をすると、こういうことを一度も意識しないまま、いや、そういう考え方があることすら知らずに引退していくプロレスラーだっていると思う。

だけど、僕はこれこそがプロレスの根っこの部分だと信じているから、自分の教え子たちには練習の最初の段階から「人に見られることを意識することが大事だよ」と言い続けてきたのだ。

僕はなぜ受け身の練習をしないのか

でんぐり返しから始め、マット運動を一通りこなしたら、ようやくプロレスの基本「受け身」の練習である。

前まわり受け身、前受け身、横受け身、後ろ受け身。最終的には次々と投げられても、ひたすら受け身をとり続けることができる「一〇〇発受け身」のような境地を目指す。

どんなに疲れていようとも、無意識に身体が反応し正確な受け身をとれるようになければ危険なのだ。

そして、そこまで受け身が身についたなら……、ここから先はやはり完全に僕個人の意見だが、定期的に一定の試合数をこなす環境にあるのであれば、練習ではなるべく受け身はとらないほうがいい、と僕は思う。

なぜかというと、僕たちの身体は消耗品だからである。

野球の投手の肩が一球投げるごとに消耗するように、プロレスラーの身体も受け身をとるごとに消耗し、ダメージが蓄積していく。道場で、すでに完全にマスターしている受け身を繰り返して体を消耗させるよりも、毎試合異なる相手との攻防の中で、実戦を通じて「真の受け身」をとることでスキルを維持・発展させていくほうがいいと僕は思っている。

僕のこの考え方が正しいかどうかは別にして、つねに「なぜ、自分はそれをやるのか」、その意味を考えながら練習に取り組むことが、プロとしてのあるべき姿勢だと思う。この世界の慣習に惰性で従うのではなく、時には疑ってみるべきなのだ。そうして、つねに独自のプロレス理論を構築していく。

そう、突きつめれば「プロレスの練習」とは、そのレスラーが「自分独自のもの《オリジナリティ》」を獲得していくための孤独な作業なのかもしれない。

「稼ぐために必要な練習」を選択する

プロレスの試合で、ゴングが鳴ってリング中央で両者ががっしり組み合う。この組み合いをロックアップという。この際、通常は相手に対して左半身で（左足を前にして）組み合うのだが、メキシコと女子プロレスにおいては右半身から（右足を前に出して）組み合うという違いがある。

左か、右か。その違いの理由には、じつはさまざまな説がある。

「メキシコ人がアメリカで左右間違えて覚えたものを持ち帰ったから逆になった」という説もあれば、「昔、メキシコにあった柔術は右側から攻めていたので、その流れからではないか」という説もある。

女子プロレスの場合、日本にはじめて招聘された外国人女子レスラーがメキシコ人で、そこからメキシコ流の右組みが継承されたといわれている。

左右の違いはロックアップだけではなく、アームドラッグという相手の腕をひっかけての放り投げも左右が逆。アメリカ式だと左腕で、メキシコ式では右腕で投げる。日本のインディー団体はメキシコ式の流れを汲む団体が多いので、「右は得意だが左はできない」という選手も最近ではかなり多い。特になぜかアームドラッグにおいて、その傾向が著しい。

けれども僕は、新人に指導する際はかならず左組み、左腕での投げばかりを覚えさせる。なぜかというと、アメリカではすべてが左なので、左ができないと世界一稼げるアメリカで使い物にならない。つまり「左ができなければ、プロレスで大金を稼げないから」である。

僕の場合、ＩＷＡジャパンでペレスから最初に教わったのはアメリカ式の左だった。しかしその後、メキシコでしばらく活動していたので右しかできなくなってしまった。それでもアメリカ上陸を果たしたあとは、大金を稼ぎたいので必死に左へ改造し直したものである。

この右・左の例からも、プロレスの練習はただ黙々とこなせばいいというものではないことが、おわかりいただけるのではないだろうか。

プロとしてやっていく以上、「大金を稼ぐこと」を目標にすべきだ。そのために必要な練習を「選択する」。それはプロレスラーとして当然のことであると思う。

インディーもメジャーも新人にはツラさがある

ＩＷＡジャパンの新人時代、生活は本当に厳しかった。朝から晩まで事務所で働き、その月給が七万円。デビュー後は一試合七〇〇〇円もらえたが、長い遠征がなく試合数は少なかったので月給と合わせても月一〇万円がやっと。合宿所もないので新宿の事務所へは横浜の実家から約二時間かけて電車で通った。

同期入門の仲良しは生活がキツくて二か月で辞めてしまった。「練習がキツくて」ではない。インディーレスラーがプロレスを辞めていく理由でもっとも多いのが「生活できないから」ではなかろうか。

その点、メジャー団体なら練習し、雑用をし、先輩の付き人もすることにより衣食住が保証されるうえに、確実にインディーのギャラ以上の給料までもらえる。なんともうらやましい話ではないか。

しかし、僕は新人時代に某メジャー団体へシリーズ参戦した際、メジャーも恵まれているだけじゃないんだな、と実感するさまざまな場面を目撃することとなるのだ。

ある日、試合後の街中で当時バリバリ売り出し中だった某若手選手が大きなカバンを汗だくでかついで徘徊《はいかい》している姿を目撃した。

「どうしたんですか、そのカバン?」

すると某若手選手は苦々しい顔で言った。

「〇〇の洗濯物っスよ!　あの野郎、テメェで洗わないもんだからってこんなにたくさん押しつけやがって。ションベンひっかけてやろうかと思ってるんスよ!」

某若手選手は当時〇〇選手の付き人だったのである。

ちなみに僕は誰かの付き人をしたという経験がない。最初に所属したIWAジャパンはいわば外資系企業的だったのでそのような慣習がなかったし、その後の大日本プロレスには海外マット経由で所属になったのでグレート小鹿社長がつねに気を使ってくれて、ちょっとした雑用すら、させられることがなかったのだ。

当時、〇〇選手といえば超オッカないことで有名だった。こりゃメジャー団体も楽じゃないなと思ったものだ。

そして、その超オッカない○○選手の怒りのホコ先が僕へ向けられたこともある。まずは合同練習の最中に、それは起きた。いまはどうか知らないが、当時の某メジャー団体では試合前に全員で合同練習をしていた。そこでは、○○選手がコーチというか指導役だったのだが、僕が何をやっても目のカタキのようにいちいち注意されるのである。

スクワットをしても、ブリッジをしても「おまえがやってるのは全然違う!」と、とにかくすべてにダメ出しされる。実際どこか違っていたのかもしれないが、これには泣きそうになってしまった。

どんよりした気持ちで過ごしていたある日、事件は起きた。

その日、僕は大日本プロレスの興行に出てから遅れて会場に着いたために、合同練習には参加しなかった。彼らはいつもどおりにリング上で練習している。すると、同じシリーズに参戦していた顔見知りのメキシコ人選手が「おお、いまきたのか!」と話しかけてきたのだ。

二人でああだこうだと話していると、リングの上から○○選手がこちらを指さし、某練習生（当時）に何やら「言え！　いま言え！」と指示しているのだ。

するると、現在は地上波の番組にも頻繁に出演するほど有名になっている某練習生がこちらに向かって叫んだ。

「すみませーん。練習しない人は出ていってもらえますかあ？」

「……はあ？」

自分に投げかけられた言葉が信じられなかった。プロレス界だろうとなんだろうと、成人した大人同士の仕事の場なのだ。その場所で、そんな言葉を投げかける人間がいるということが信じられなかったのだ。

なので、すぐには反応できずにいた。

すると、某練習生がもう一度叫んだ。そのときの彼の表情から、「ああ、本当は彼も、言うのがツラいんだな」ということが僕にははっきり見てとれた。

「練習しない人は出ていってもらえますかあ！」

「……」

ダメだ。ここがプロレスの世界だろうとなんだろうと、それ以前に全然ダメだ、こんなのは。

猛烈に悲しくなった。すると、まだ反応を示さない僕に〇〇選手が叫んだのだ。

「出てけっつってんだろ、コノヤロー！」

思わず悲鳴をあげて逃げた。なんでこんな仕打ちを受けるのか……。

それから五年の月日が流れて、僕がWWE所属となったころ。当時練習生だった某選手がアメリカ修行にきた。ロスで再会し、飲む機会があったのだが、某選手もそのときのことをよく覚えていた。

「TAJIRIさん……、オレはずっと謝りたいことがあったんだ。あのときは本当に申し訳なかった！　オレもあんなこと、言いたくなかったんだ」

そんな先輩のもとで練習生や付き人をつとめるツラさはいかほどだろう。メジャー団体にもインディー団体にも、それなりのツラさというものがある、ということなのだ。

「プロレスごっこ」をバカにしてはいけない

プロレスラーになりたい人は「プロレスごっこ」をバンバンやっておくべきだと僕

は思う。「ごっこ」をバカにしてはいけない。じつは、これがプロレスラーになってから意外なほど役に立つのだ。

僕は大学時代、プロレス好きな友だちの家の家具も何も置いていない六畳の部屋で毎日毎日、寝技だけのプロレスごっこをしていた。これにより、いつの間にか高度なボディバランスが身についていたようなのだ。

その証拠に、当時ある縁からサンボ教室に参加することになったのだが、そこの若い先生とスパーリングをして僕は勝ってしまった。卒業後に入門した浜口ジムでも、入門三か月にして道場内のレスリング大会で準決勝にまで進出してしまった。その大会で優勝した人とは道場でスパーリングをしても負けたことは一度しかなかった。

僕には本格的な組み技格闘技の経験は一切ない。つまり、プロレスごっこで身についたボディバランスだけでもそこそこ強くなれたということなのだ。プロレスラーになりたい人に「プロレスごっこ」を本気でおススメするのは、僕のこんな実体験にもとづいている。

いまは世界的なＷＷＥブームで、新人のうちから見よう見まねでＷＷＥのトップ選手のような派手な大技を繰り出そうとする選手も多いが、映像を見てまねているだけで、ボディバランスを磨き上げるという基本はないがしろにされている。

プロレスといえば、派手な動きをすることだと勘違いしてしまっているのだ。

じっくりとリストの取り合いや足の取り合いをして……というクラシカルなスタイルで試合ができるプロレスラーが、世界的に育ちにくい環境になってきているように思う。

実際には、WWEのトップ選手たちはプロレスの基礎がしっかりできていて、もちろんボディバランスにもとづく体さばきも抜群にうまい。

そういった基礎のうえに派手な大技を決めているのだが、その派手でカッコ良い試合映像が世界中に拡散した結果、WWEの「上辺だけ」をコピーしたようなプロレスが世界の一大潮流となってしまっている現状に、僕は強い危機感を覚えてしまう。

WWEは現在、パフォーマンス・センター（PC）という選手育成機関を作って、未来のスーパースターを育成している。僕は実際にPCで指導役をしていて気づいたのだが、PCでさえもボディバランスを磨くことより、派手な「動きのある練習」に重きが置かれる傾向にあった。

このまま、世界中にWWEの劣化コピーのようなプロレスが拡がっていくのか。あるいは、どこかでしっかりとした基礎的ムーブを中心にファンを魅了する試合を展開できるレスラーが現れて、現在の潮流を変えることができるのか。この世界でキャリアを重ねてきた僕としては興味が尽きない。

第3章

プロレスの「技」とは何か
——海外と日本

プロレスラーは海外で何を学ぶのか

なぜ若手プロレスラーは海外を目指すのだろうか。そこで何を学び、何を身につけるのだろうか。

海外を経験すると、プロレスについてより深く考えるようになるし、プロレスで大切なことは何かを理解して、それを実践の場で活かせるようになると僕は考えている。なにしろ言葉が通じない場所にいるわけだから、表情や身振り手振りで自分の考えを表現し伝えるしかない。そういう経験を通じて最終的には生命力までもが磨かれてくる。そういう点にも、海外修行をする大きな意義があると思うのだ。

かつて日本のメジャー団体の若手は、デビューすると国内で数年間の経験を積んだのち海外修行に出されるのが定番だった。現地でベルトを獲得し、数年後に華々しく凱旋帰国。それこそがプロレスラーのたどる出世コースという認識がファンの間にもあった。

僕はインディー団体にいたので、そのような華々しい道を自分がたどるという身のほど知らずな将来像はまったくなかった。それでも海外志向は人一倍強かったので「一刻も早く日本で成長して、十分なレベルに達したらメキシコへ行きたい」と、そればかりを考えていた。

そしてデビューから数年後。

「この機会を逃したら、一生、日本で埋もれてしまうかもしれない」

そう感じる瞬間が到来した。周囲から、当時所属していた大日本プロレスを辞めることを猛反対されたので、一人黙って誰にも告げることなく、すべてを放棄してメキシコへ渡った。そのことで、関係者はもとよりファンやマスコミからまで大バッシングを食らった。

しかし、そのときの僕には確信があった。

「海外で成功して日本に帰ってくれば、批判した人間もかならずなびいてくる」

なんて身勝手な考えだと再び大バッシングを食らいそうだが、一時的に不義理をしてでも（人生にはそうする他ない事情がある場合がじつに多い）、どうしても果たしたい望みがある場合、そういう決断も一度きりの人生においては必要だと僕は思う。

これは本当に余計なお世話かもしれないが、プロレスラーに限らず、人生の大切な局面において「やったほうがいいかな、止めておいたほうがいいかな」ということで悩んでいる若い人に、僕は言いたい。

「自信があるなら、やったほうがいい」

そこがあやふやなら、やらないほうがいい。しかし、自分なりの自信があるのなら絶対にやったほうがいいのだ。いや、やらないといけない。己の「やれる」という直観をとことんまで信じればいい。

僕は学生時代から「絶対にプロレスラーになれる」という根拠のない自信だけを頼りにプロレスラーになった。親も友だちも誰もが「絶対になれるはずがない」と言う中、自分には「絶対になれる」という直感があったのだ。

この直感の正体は、少々あちら側の人のような言い方になってしまうが「神様からの啓示」のようなものではないかと思っている。だから「自信があるならやったほうがいい」のだ。この考え方は、いまや僕の人生において一つの信条にまでなっている。

どん底のメキシコ生活で痛感した「導いてくれる人」の重要性

そういうわけで、僕は「根拠のない自信」を抱いて日本を飛び出し、メキシコへ渡った。しかし、現地で人生最大のピンチに陥ってしまう。直感に導かれて海を渡ったものの、「あっ、もしかしたら失敗だったかな……」と思った日もある。

それまで海外ではいつも面倒を見てくれていた恩師のビクター・キニョネスが、一切面倒を見てくれなくなってしまったのだ。

僕は渡航前「今回は人生をかけた一大決心なので、メキシコへ行ってもすべて自力でやる」とビクターに宣言していたのだが、それが彼の逆鱗《げきりん》に触れてしまったようだった。

そのころのメキシコは経済状況が悪化しており、ルチャの大会数も極端に少なく、たまに試合が組まれても、とんでもなくギャラが安い最悪の時期だった。

そのころいちばん稼いだのは、日本武道館規模の会場での試合だが、それでも日本円にしてたったの一万円。隔週の水曜日に入っていたサーカス小屋での試合にいたってはたったの三〇ペソで、これが当時のレートで約二四〇円。ルチャ・リブレといえばメキシコの国民的娯楽なのだが、経済状況の悪化は庶民の財布の紐を直撃するものなのだ。

僕が日本から持ってきた蓄えはみるみる底をついていった。

同じ時期、ビクターはWWEの中南米エージェントにまで上りつめており、メキシコの良い選手をWWEの中南米向け番組〈Super Astoros〉に高額でブッキングする役職に就いていた。

お金に困っていた僕は「きっと、もうすぐ呼んでくれるだろう」と期待していたのだが、いつまで経っても声をかけてくれないばかりか、たまにメキシコで会っても素っ気ない態度をとられる始末。

一度直接「Super Astorosダメ?」と尋ねたら、「チョット・マッテ」とお茶を濁され、それから半年間ほどその状況が続き……。

最終的には「このままでは来月死ぬ」というギリギリの瀬戸際にビクターが声をかけてくれて、アメリカのECWへたどり着くのだが、数年が経ち、すでに僕がWWE所属となっていたころ、ビクターに尋ねてみた。

「あのとき、どうしてあそこまで冷たかったのか」

するとビクターの答えは、

「もう他の誰かと組んでやっていくのかなと思ったから、様子を見た」

このとき、僕は学んだのだ。

「自分一人では何もできない。導いてくれる人もいてはじめて生きていくことができるんだな」と。

いま振り返ると、メキシコで金銭的に苦労したあの半年間は僕にもっとも大切なことを教えてくれた時間だったとも思うのだ。もしあのままビクターにすんなり助けてもらっていたら、「ほらね、やっぱり上手くいくじゃねえか」と人生をナメていた可能性がある。

最初からメキシコでそこそこ稼げて、それなりの生活ができてしまっていたら、それが良い悪いではなく、その後、僕はアメリカへ行くこともなく、まったく別の人生を歩んでいたかもしれない、とも思う。

プロレス人生でそこまで追いつめられたのは、後にも先にもこのときだけ。もしかすると「ビクターはすべてお見通しだったのかな」という気も現在ではしている。メキシコでの極貧生活が限界に達した頃合いを見て、「そろそろいいだろう」というタイミングで声をかけてきてくれたのかなと。

とにもかくにも、プロレスにおいて、いや、人生において「導いてくれる人の存在」はとても重要なものだと、僕は思うのだ。

海外で「腕に覚えがある」ことがなぜ大切なのか

かつてアメリカで活躍したザ・グレート・カブキさんの自伝には「海外ではシュートの強さが必要。それがないと舐められる」ということが書かれている。

シュートとはプロレスの隠語で、簡単に言えば「ケンカ」が強いか弱いか。そのように解釈して、まず問題ない。

僕自身、海外のリングでシュートを仕掛けたり、仕掛けられたりといった経験はほぼない。また、そうした試合を実際に目撃したこともほとんどない。ただやはり「ケンカの強さ」はプロレスラーにとって、特に海外ではあったほうがいいと僕は思うのだ。

僕はデビューして九か月目に恩師キニョネスにアメリカのニュージャージーへ連れていかれて、当時プロレスとの掛け持ちで総合格闘技ＵＦＣの王者でもあったダン・スバーンとプロレスのリングで戦ったことがある。

当時二四歳だった僕は、「これはもう、殺されてもしかたがないんだな……」という覚悟でリングに上がった。

実際には試合でそんなことにはならなかったのだが、そのときの試合前の恐怖感を超える恐怖は、その後の人生で一度も経験していない。

もしもそういう展開になってしまったなら……スバーンの耳を噛みちぎろう。そんな心づもりでリングに上がった。そしてこのとき以来、特に海外で生きていくなら（実際に自分が強いかどうかは別として）「ケンカは強いにこしたことはないんだな」と、強く思うようになった。

もっとも、少々ケンカが強かったところでスバーンにかなうわけはないのだが、それはそれで大事なことなんだなと、強く思うようになったのだ。

じつは一度だけ、メキシコでの試合中、些細なことがきっかけで僕自身がキレてしまい、本当のケンカ寸前になってしまったことがある。

メキシコではタクシーに乗っても遠まわりをされて余分なお金を要求されたり、日常的にイライラする場面が多々ある。そういうことが積み重なり、メキシコという国自体にイライラしていた時期に、それは起きた。

ある日、対戦相手がおそらくわざと僕の顔面を蹴ってきたのだ。相手に怪我をさせようという意図的な蹴り。僕も頭にきたので同じく顔面を蹴り返してやったのだが、そうすると相手もまた蹴り返し……。

とうとう試合が成立しなくなってしまった。当初は止めに入っていた他の選手もだんだん巻き込み、リング上は大乱闘。

すると、最初に蹴ってきた相手が控え室に戻っていくので何をするのかと思ったら、どうしてそんなものが控え室にあったのかはわからないが、巨大なハンマーを持ってワーワー叫びながらリングへ戻ってきたのだ。

それでもその様子から、「これは本当は叩く気はないな」と僕は判断した。それでも用心はしつつ、こちらもブチ切れたふりをして日本語でギャーギャー叫びつつ会場の椅子を振り上げたら、相手はそのまま控え室へ戻ってしまった。

リング上はそれで収まったのだが、その日のショーはふだんからお世話になっていたネグロ・カサスというメキシコ人レスラーの主催だった。彼は試合そっちのけの大乱闘にカンカンに怒ってしまった。

申し訳なかったなと思いつつも、「これはヤツと顔を合わせたら、もう一度ケンカだな」と覚悟を決めて控え室に戻ると、僕の対戦相手だった男はさっきまで怒りの形相で手にしていたハンマーを自分の頭へ冗談ぽくコンコンと叩きつけながら、「ヘイ、タジリ！　いったいどうしたってんだい。へへへ！」なんて、こっちの心配をよそに話しかけてくるのだ。

海外では、自分の身は自分で守るしかない。だからケンカにも強いにこしたことはないと僕は思う。

しかし本当の強さというものは、じつは辛いことの多い海外での日常を乗りきる心の強さ。海外でもっとも必要なのはじつはそっちなのだ。

プエルトリコの会場で「警察のお世話」に

現在ではあまりそうでもないようだが、かつて海外では外国人レスラーはヒール

(悪玉)となり、地元のレスラーはベビーフェイス(善玉)となるケースがほとんどだった。

カブキさんやサクラダさん(ケンドー・ナガサキ)といった昭和期に海外で活躍した先人たちの時代には、ヒールの外国人レスラーは試合後に興奮した観客からナイフで狙われる、なんていうケースもあったらしい。

そして僕も、そんな時代の残り香を多少ながらも体験している。

アメリカに渡り、ＥＣＷと契約してしばらく経ったころ。恩師キニョネスのブッキングで二週間だけプエルトリコへ行き、八試合ほどこなしたことがある。

その日の会場はどこか片田舎の野球場だった。レスラーの控え室は、グラウンドから階段を降りた球場地下の通路に面していた。

試合を終え階段下の通路を歩いていると、どこからともなく僕をひやかす声が聞こえてくる。その内容は東洋人であることをバカにする酷《ひど》いものだった。

ふと見上げると、通路を見下ろす階段の柵の上から大勢のプエルトリカンが、鈴なりになり僕を見下ろし罵声を飛ばしニヤついている。

頭にきたし、柵があるからこっちへくることもないだろうと、僕は中指を立て彼らを挑発した。すると、さっきまでザワついていた彼らが一瞬にしてシーンとなった。

「あっ、これはちょっとヤバかったかな?」

そんな空気を感じたのだが……。見ると、彼らのうちの一人がこちらに背を向けヨイショと、何かを持ち上げようとしている。

まわりのプエルトリカンたちは、彼の様子をニヤニヤと見守っている。彼がやっとこちらを振り返ると、その腕の中に大きな石が抱えられていた。どうして野球場にそんなものが落ちていたのかは知らないが、男はその石を柵に向かって豪快に投げつけたのだ。

「ガッシャーン!」

柵はあっさりと倒れ、彼らが一斉に階段を駆け下りてきた。

「うわ、殺される!」

プエルトリコの人々は気性が荒いことで知られ、かつてこの国ではブルーザー・ブロディがレスラー仲間に刺殺される、なんていう事件も起きている。

僕は一心不乱に通路を逃げた。背後にはどんどん迫ってくる暴徒たち。と、通路の向こうからたまたま会場セキュリティも兼ねる警察官がやってきて、僕を追ってくる彼らに銃を向けたのだ。

「動いたら撃つぞ！」

彼らの動きはピタリと止まり、僕はかろうじて難を逃れることができた。大袈裟ではなく、あの場に警察官が現れていなかったら、さすがに殺されはしないだろうが、片腕くらいはヘシ折られていたに違いないし、袋叩きにされて重傷を負わされていた可能性もある。

ＥＣＷが存続していた一九九〇年代は、海外のプロレスにはまだそういった前時代的な残り香が漂っていた。

もしかすると、そんな往年のプロレス会場の残り香の漂う国が世界のどこかにはまだあるのかもしれない。そういった場所で、日本では絶対に味わうことのできない経験ができるのも海外修行の一つの醍醐味だと思う。

プロレスの「センス」は教えることができない

プロレスという競技のスキルは、基本的に独学で身につけていくものだと僕は考えている。

僕のプロレス人生における恩師はビクター・キニョネスだが、プロレスの技術面では先生不在で、特に「この人！」という存在もいない中で、ほぼ独学に近い状態でさまざまなスキルを学んでいった。

僕の場合、初歩の初歩はＩＷＡジャパン入門当初にビクター子飼いのプエルトリカン、ミゲル・ペレス・ジュニアやメキシカンのグラン・アパッチエに教わり、大日本プロレスでは故ミスター・ヒトさんとサクラダさん（ケンドー・ナガサキ）に技術的なことを教わった。

メキシコに渡ってからはネグロ・カサスやロドルフォ・ルイス、リンゴ・メンドーサという往年の名選手らに数か月間だけ教わったが、アメリカでＥＣＷのリングに上がるようになって以降、技術的な指導を受けたことは一度もない。

基本を学んだら、あとは本人のセンスだと僕は思う。

プロレスは「身につけた技術を本人のセンスでどう活かすか」という世界なのだ。よって、先生が教えられることは一定水準の技術まで。センスは教えて身につくものではない。

少々冷たい言い方になってしまうが、最後は「天性のもの」によって決まる世界なのだ（それでも、ある一定のレベルまでにはかならず到達できる「プロレスの考え方」を学ぶことは可能だ。これについては、のちほど述べる）。

そして、これがプロレスの面白いところなのだが、「センスのなさ」がその選手の個性として活きる場合もあるのだ。

かつてミスター・ヒトさんが大日本プロレスで若手を教えていたころ、よくボヤいていたものだ。

「オレは世界で何千人と教えてきたけど、アイツはその中でも三本の指に入るセンスのなさだよ。プロレスを辞めてチャンコ屋にさせたほうがいい！」

ヒトさんがボヤいた「世界で三本の指に入るセンスのないアイツ」は、現在、大日本プロレスで活躍するアブドーラ・小林である。

アブドーラはその後、ファンの心をつかむ絶妙の「愛されキャラ」としてブレイクし、絶大な人気を誇っている。たしかに正統的なプロレスのセンスには欠けていたのかもしれないが、それを逆手にとって自分の魅力として打ち出し、ファンの心をつかむ「センス」を持ち合わせていたのだ。

そして、もう一つのポイントは「やり続ける」ということ。

もしかすると、彼は「やり続ける」過程においてセンスが開花したという考え方もできると僕は思うのだ。これはプロレスに限らずどんな世界でも同様だと思うのだが、大切なことは固定観念にとらわれず、つねに柔軟な発想で継続することなのだ。

技はプロレスラーの自己紹介のためのツール

僕のプロレス哲学の一つに、「技は自分のキャラクターを紹介するためのツールにすぎない」というものがある。

技自体を披露することを目的とした試合は印象に残らない。

お客さんに見せるものは技自体ではなく、あくまでもその技を通して見えてくるプロレスラーの「キャラクター」と、その「心情」なのだ。

たとえば、僕がトリッキーな技を駆使すれば、「この選手は曲者《くせもの》なんだな」とお客さんに印象づけられる。

誰かが相手の顔面に容赦なくパンチを連打すれば、「あの選手はこの相手を憎んでいるんだな」と、その選手の心情ばかりか対戦相手との関係性まで理解できる。技はあくまで自分というキャラクターと、その心情を紹介するためのツールにすぎないというのは、そういうことである。

ただしこれは「技は重要ではない」ということでは全然なく、そういったキャラクターのもろもろを紹介するためにも、独自性のある完成度の高い技が絶対に必要なのだ。

料理にたとえれば、キャラクターが「素材」で、技は「調味料」ということになるだろうか。調味料の味で素材の良さが隠れてしまっては本末転倒。調味料はあくまで素材の良さを引き出すものでなくてはならない。そして、調味料が良くないと料理は台無しになる。

僕の中で、キャラクターと技の関係性はそういうものである。

僕はこれまで指導してきた弟子たち全員に、このことを毎回毎回しつこいほど唱えてきた。しかしそういう僕自身、この結論にいたるまでは「技・技・技」、とにかく他人がやらない新しい技を出そうと必死になっていた。「いかにしてカッコ良い技を披露するか」という試合をたくさんしてきたのだ。

僕が「技は自分のキャラクターを紹介するためのツールにすぎない」という考え方にたどり着いたのは、海外で三つの技を主武器として試合をしているときだった。

その技とは、以下の三つである。

1、ハンドスプリングエルボー

ロープに振られた際、ロープへ飛びつくように逆立ちし、その反動を用いてボヨンと戻ってくると同時に右エルボーで相手にブッかっていく技。「ＴＡＪＩＲＩというキャラクター」の価値をもっとも引き上げてくれたのは、この技だったかもしれない。

この技を完全に使いこなせるようになるまでには、長い年月がかかった。もともとハンドスプリングエルボーの動き自体は昔からメキシコにあった。しかしそれは場外へ落ちた相手へのフェイントとして用いられており、それを攻撃に転用した選手はいなかったと思うのだ。

これを攻撃技に転用し、試合ではじめて使ってみたのは大日本プロレス所属時代。しかし、なんとなく形が汚かったのでそれ以降は使っていない。メキシコでも一度だけ使ってみて、やはり形が汚かったのでそれ以降は使わなかった。

そして、アメリカでECWのトライアウトを受けることになったときに、「何か強烈な印象を残さなくては」と思い、久々に使ってみた。すると、なぜかこのときはじつに綺麗なフォームで決まったのだ。

その日、会場の最前列にはECW名物の、麦わら帽子をかぶった熱烈マニアおじさん二人が座っていたのだが、僕がハンドスプリングエルボーを使った瞬間、他の技にはほぼ無反応だった二人が立ち上がって拍手をした。

その瞬間、「TAJIRIというキャラクター」の印象が決定的になったと僕は思う。このとき見ていた人たちの中に芽生えたのは、「この選手は見たこともない技を駆使する。見たこともない試合をする選手なのではないか」→「新しい可能性を感じる選手だ」という期待感だったと思う。

もちろん、純粋に斬新な技だったからお客さんが沸いたのだと思うが、その先に一瞬見えたのだと思う。それだけではない何かが。

2、タランチュラ

大日本プロレス時代、いつも手元にノートを置いていた。いつなんどき技のアイデアが頭に浮かんでくるかもしれないので、それらをすべて書き留められるように、そうしていたのだ。

そのころは試合でメキシコの珍しいストレッチ技を多用していた。つねに「もっと何か新しい技がないかな？」と考えていたし、やみくもに「技・技・技」のプロレスをしていた時期だ。

そんなある日、夢の中で突然、ロープへ張りつけにした相手の身体に絡みつき、ぶら下がって締め上げる「タランチュラ」の形がパッと浮かんできた。

で、あわてて飛び起きたのが朝七時。すぐさま当時まだ若手だった本間朋晃を叩き起こし、道場で実験台になってもらった。夢で見て、すぐに試して、その瞬間、完成した技なのだ。

この技は、四六時中プロレスの技について考え続けていた僕に、プロレスの神様が授けてくれたプレゼントだと思っている。

そんなタランチュラだが、じつは大日本プロレス時代に使用したことは一、二度くらいしかない。ハンドスプリングエルボーと同じで、なぜかずっと使わず、メキシコでも一度しか使っていない。

ところが、前述したＥＣＷでのトライアウトで使ってみたところ、これがまたバカ受け。その後の僕の代名詞的な技にまでなるのだが、アメリカでのほとんどの時間をヒールとして生きていくことになる「ＴＡＪＩＲＩという東洋人」が駆使する技として、これ以上ふさわしい技はなかったと思う。

何を考えているのかわからない薄気味悪い東洋人＝タランチュラ。

イメージにピッタリではないか。これにより僕は確信するようになったのだ。技というものは自分のキャラクターを紹介するためのツールなのだなと。

ちなみに、ＥＣＷのトライアウトで手にしたギャラが八〇〇ドル。当時のレートで約一〇万円。はじめて「プロレスで稼げた！」という実感を抱くとともに、トライアウトに合格していったんメキシコへ帰ったときには、そのお金でメキシコでは高価な日本食を食いまくった。「これからオレの人生が変わるぞ！」というワクワクや興奮とともに。

あのトライアウトに合格していなければ、僕はメキシコで食いあげ、不義理をして出てきた日本のリングへ戻ることもできず、おそらくプロレスを辞める以外になかったと思う。

3、バズソーキック

ＷＷＥでは選手をテレビデビューさせる前に「フィニッシュ技は何にするか」と、キャラクターの決め技を設定する。その決め技へいたる過程をさまざまなバリエーションで見せていくのがプロレスの試合なので、その設定を確定させておくことは必要不可欠な作業なのだ。

バズソーキックは、僕の代名詞的フィニッシュ技である。顔面への回し蹴り自体はデビュー当初から試合中に何度も使っていたのだが、ＷＷＥでは「一試合に一度限定のフィニッシュ技に磨き上げろ」との指令を受けた。

当時はまだ、相手の顔面をそのように蹴る選手がいなかった。「誰もやっていない斬新な技だから」という点もフィニッシュ技に選ばれた理由だったと思う。

なぜ「フィニッシュ技は一試合で一度だけ」なのかというと、一撃必殺でなければフィニッシュ技としての存在理由がない、ということだ。ウルトラマンが三分間の戦いの最中に何度もスペシウム光線を繰り出すことはありえないのと同じである。

さらに、フィニッシュ技は「誰にでも確実に決められること」が重要な条件となる。バズソーキックは座っている相手の顔面を蹴る技なので、相手がどんな体型であろうと失敗することはまずありえない。

これが仮に相手を抱え上げて落とすタイプの技なら、相手が大きければ使えなくなるから、小柄な僕のフィニッシュ技としては明らかに不適切だ。

バズソーキックの伏線として、試合中に相手の顔面以外の部分、胸や腕を強烈に蹴り込むシーンを意図的に披露しておく。

「あの強烈な蹴りが顔面に炸裂したら、相手は確実に倒れるな！」

そう印象づけておくのだ。この下準備により人体でもっとももろい頭部を蹴るバズソーキックは一撃必殺のフィニッシュ技として見る人の印象に刷り込まれるのだ。

バズソーキックをフィニッシュ技として用いることにより、「ＴＡＪＩＲＩはトリッキーな選手だが、最後は一撃必殺のバズソーキックで無慈悲に相手を斬り落とす。まったくとらえどころのない東洋人だ」というキャラクターが確立して、アメリカでの認知度が決定的に高まったと思う。

「技は自分のキャラクターを紹介するためのツール」ということは、裏を返せば「自分のキャラクターにそぐわない技は使うべきではない」ということでもある。どちらかというと、この言い方のほうが核心を突いているかもしれない。

ＴＡＪＩＲＩというキャラクターを構築するうえで大きな貢献をしてくれた三つの技。これらはすべて、海外でサバイブする過程で自分のものにできた技である。この章の冒頭で海外修行の重要性を説いた理由は、こういうところにもあるのだ。

第4章 サイコロジーの帝国
——WWEの教え

世界中のプロレスラーが目指すリング

アメリカのみならずほぼ全世界で試合が放送され、いまや日本においても確固たる人気を得ているWWE。いうまでもなく世界でもっとも稼げるステージであり、世界中のほとんどのプロレスラーがそのリングに上がることを目指す世界最大のスポーツ・エンターテインメント企業である。

近年は、まず日本のリングで経験を積むことを選ぶ外国人レスラーも増えてきてはいるが、そんな彼らもほとんどが最終的にはWWEを目指している。

二〇〇一年から二〇〇五年まで、僕はWWEの一員として全米を、さらには世界各国を飛びまわった。

世界中のプロレスラーが憧れるWWEへ、インディー団体出身の僕はどのような経緯を経て入団できたのか。まずはそこから語っていきたい。

なぜ「日本からきた好青年」は「闇落ち」したのか

僕のアメリカでのスタートはＥＣＷだったが、そのころのＥＣＷはスター選手を根こそぎ大手のＷＷＥとＷＣＷに引き抜かれた直後だった。

僕にとってラッキーだったのは、ＥＣＷが戦力補強のためにあらゆる方面から新たな人材を獲得しようと躍起になっていたことだ。そのタイミングで、僕のメキシコでの活動が目に留まったのだ。

もしもＥＣＷに上がっていなかったら、その後、ＷＷＥのリングにまで到達することはなかったと思う。僕がＷＷＥにスカウトされた理由はＥＣＷでの活躍があったからだ。

そして、そのＥＣＷで僕が活躍できたのは、ＥＣＷのボスであるポール・ヘイマン（現在はＷＷＥの名物マネージャー）と、僕の最大のライバルだったスペル・クレイジー、この二人の人物と出会えたおかげだ。「ＴＡＪＩＲＩ」というアメリカで確立した僕のキャラクターは、最大のライバルにして親友でもあるスペル・クレイジーがいたからこそ誕生したといっても過言ではない。

クレイジーは生まれながらの陽性キャラクターだった。登場しただけでその場の雰囲気をパッと明るくしてしまうナチュラルに太陽のような人間で、そんな彼と同じ路線で競っても僕に勝ち目はなかった。

ならば、僕はヒールに転向してクレイジーと対峙しようと決めた。むこうが太陽ならこちらは月、陽に対する陰。僕はとにかく彼と対極のキャラクターを作り上げることにしたのだ。

最近の僕しか知らない人は驚くかもしれないが、当時の僕は白と青の爽やかさん風のコスチュームに身を包み、「日本からきた好青年」という雰囲気のプロレスラーだったのだ。

だからヒールの「ＴＡＪＩＲＩ」というキャラクターを確立するまでは、どうすれば陰湿で、不気味で、嫌われ者になるかばかりを考え続けた。

まずはコスチュームを黒に替え、悪そうに見えるように髭も生やし始めた。毒霧を噴き始めたのもこの時期だ。

僕はとことんこだわる性格なので「悪いことをするヤツ」という一般的なヒール像

にプラスして、「そもそも頭がイカレているのではないのか」とお客さんに思ってもらえるように、考えに考え抜いた。

それこそふだんから「こうして歩けば頭がおかしいと思われるかな?」とか、「頭がおかしいヤツって、どうやってメシを食うのかな?」といった調子で、二四時間「アイツ、おかしいのか?」と思われそうな言動を心がけて暮らしていたのだ。

天才プロデューサー、ポール・ヘイマンの慧眼

そうして完成させたTAJIRIというキャラクターを、ボスのポール・ヘイマンはたいそう気に入ってくれた。そして、TAJIRIというキャラクターの魅力を存分に引き出す、さらなるアイデアも授けてくれた。

その後、WWEでも演じることになる、どんな状況でも英語を一切話さず、日本語でなんとなくアメリカ人と意思疎通できてしまうキャラクターも、じつはポールによるアイデアで、その原型となるものはECW時代にすでに誕生していた。

これは、気味の悪さと狂気を際立たせるために大いなる役割を果たしてくれたと思

う。ポールは個々人が持つ特性を素早く見抜き、無理なく演じきれるキャラクターを考案する天才プロデューサーでもあったのだ。

「ヒールＴＡＪＩＲＩ」の狙いは当たった。僕はライバルのスペル・クレイジーよりも先に全米で注目される機会を得たのだ。

二か月に一度だけ開催されるペイパービュー（ＰＰＶ）で、当時のＥＣＷ世界王者タズに挑戦するメインイベントに大抜擢されたのだ。ちなみに、ＰＰＶにはどの選手も出場できるわけではなく、晴れ舞台に試合を組まれない選手も多い。そんな中で、メインイベント起用されたのだ。

結果は、ヒールユニットに加わり悪の限りを尽くすＴＡＪＩＲＩに怒り心頭のタズが、丸めた有刺鉄線の塊を僕の口の中に押し込み、ズタズタに切れた口から大流血という凄惨なシーンとともに大惨敗を喫したのだが……。

メインイベントでの衝撃シーンというインパクトもあり、僕はクレイジーよりも先に全米で名を知られるようになった。そして今度は僕がクレイジーをベビーフェイスとして引き上げていく形で抗争が始まる。

「ＴＡＪＩＲＩ対クレイジー」はＥＣＷの切り札的カードとなっていった。その抗争が一年間ほど続き、僕がＥＣＷ世界ＴＶ王座を獲得したタイミングで、とうとうＷＷＥからスカウトがきた。

提示された契約内容は、ＥＣＷに比べ破格に良かった。けれども僕はこのとき、そのオファーを断ってしまった。なぜかというと、僕は当時のＥＣＷに誇りを抱いており、それこそ「一生をかけるに値する」団体だと思っていたのだ。オレたちは絶対にＷＷＥに負けていない、という信念が僕にはあった。

当時は僕だけでなく、ＥＣＷで戦う全員が同じ気持ちだったと思う。それほどまでにＥＣＷはキテいた。全員が同じ方向を見て、まるで家族のようなチームだった。

事実、この数か月後にＥＣＷはアメリカ東海岸地区のみの放送から全米放送へと進出し大躍進を遂げた。このチームが永遠に続いてほしい。僕はそう思っていた。この時点では、ＥＣＷのリングを去る気持ちは微塵《みじん》もなかった。

僕がＷＣＷに行かなかった理由

それから一年半ほどの時が流れ、ＥＣＷはさまざまな経営問題を抱えて苦境に陥っていた。僕が所属していた最後の四か月間は、ギャラも一切支払われなかった。

　そうして、いよいよ団体が崩壊寸前になると、当時アメリカで激しい競争を繰り広げていたＷＷＥとＷＣＷの両方から同時にスカウトがきた。

　ＷＣＷはクルーザー級、日本でいうジュニアヘビー級要員としてのオファーだった。「プロレスとは無差別級の戦いである」を身上とする僕には、それがどうも気に入らなかった。

　それにＷＣＷの組織内部も混乱していたようで、何名もの人間が異なる条件で連日、「ＷＣＷにこないか?」とオファーしてくる。この団体はまずいのではないかという予感がして、ＷＣＷへ移籍する気にはなれなかった。

　ＥＣＷでのボスはポール・ヘイマンだったが、プロレスラーとしての僕の本当のボスはつねにビクター・キニョネス。そのころ、彼はＷＷＥ中南米とアジアのトップエージェントに昇格していた。

　ビクターは「ビンスがＥＣＷからＴＡＪＩＲＩとライノだけほしいと言っているぞ」と言う。僕はビクターにすべてを任せ、ＷＷＥと契約することにした。

これがWWEの契約だ

僕がＷＷＥと契約したあと、ほどなくしてＷＣＷが僕の予感どおりあっけなく崩壊した。

これはのちに知ったのだが、ＷＣＷがＷＷＥの強力なライバルとして存続していた時代こそ、多くの選手が好条件でＷＷＥと契約を結ぶことができた最後の時代だったそうだ。僕はギリギリのタイミングで有利な契約を交わすことができてラッキーだった。

ＷＷＥとの契約内容は選手によって千差万別だ。僕が交わした契約の中身をちょっとだけ紹介すると、まず所属選手としての「最低保障金額」があった。これに、ペイパービュー（ＰＰＶ）出演料やハウスショー出演料、ゲーム、ＤＶＤ、グッズなどマーチャンダイジングのロイヤリティ（使用料）などが加わっていく。

ＷＷＥは月一回のＰＰＶを中心にまわっていて、それ以外の日は大会場でのテレビ収録と規模の小さな会場でのハウスショーを全米各地で展開している。時には「世界ツアー」として欧州やアジアなど、アメリカ以外の各都市でイベントを開催する。働けば働いたぶんだけ、活躍すれば活躍したぶんだけ、収入はどんどんうなぎ登りに増えていく。レスラーのモチベーションが上がる、プロフェッショナルな素晴らしいシステムだと思う。

僕が契約したころは、ザ・ロックやストーンコールドといった伝説級の超人気選手たちがバリバリに活躍していた時代だ。だから、彼らと試合でからむとギャラはものすごいことになった。

ギャラは毎週自宅へ「○月×日、どこそこのショーの分がいくら」と書かれた明細と一緒に小切手で送られてくるが、一度ハウスショーでザ・ロックも含めた八人タッグでメインイベントに出場したときには、たった一晩で八〇〇〇ドル、当時のレートで約八〇万円ほどのギャラが発生していた。その小切手を目にしたとき、「俺の人生変わったな」としみじみ思ったものだった。

さらに年に四回、マーチャンダイジング分の小切手が届く。ゲームに自分のキャラが組み込まれると金額が驚くほど大きくなり、当時の僕のポジションでも新車を何台か買えるほどの小切手が送られてきていた。トップクラスになると、いったいどれほどになるのか見当もつかない。

マーチャンダイジングのロイヤリティ収入は、いわば不労所得。いまとなっては夢のようなお話である。

さらにうれしいことには、良い試合をするとボスのビンスからボーナスが出ることがあった。この場合、小切手の明細にローマ字で「ＢＯＮＵＳ（ボーナス）」と書かれていた。

どれほどの額をもらえるかというと、ＷＷＥ日本公演の代々木第一体育館でトリプルＨと戦った試合では、ギャラとは別に五〇〇〇ドル（約五〇万円）のボーナスがついていた。

またレイ・ミステリオと抗争を繰り広げた時代は頻繁にボーナスが出て、テレビマッチで内容の良いシングルマッチをすると毎回二〇〇〇ドル（約二〇万円）ほどボーナスがついていていた。

これらの額が高いか安いかはともかく、ＷＷＥのボス、ビンス・マクマホンに仕事内容を評価されて受けとるボーナスだから、選手としては「うれしい」と同時に「誇らしい」わけなのだ。

その代わり、スケジュールはびっしりと組まれていて、長期休暇はほぼなく、一年中、移動、試合、移動の日々を繰り返す。ひたすら働き続けなくてはならない。

僕がWWEにいた当時でオフは週二日。ただ、この二日間もトレーニングはするから、完全休養日というわけではない。

現在はもっと休みがないと思う。WWEの世界的な人気の高まりとともに、僕のいたころよりも頻繁に海外ツアーに出ているので、自分の家にもなかなか帰れない状態ではないだろうか。

アメリカでは正月休みはないので、僕は一月一日から試合をしていた。アメリカ人にとって特別なクリスマス休暇も、それが月曜日なら普通にテレビの試合をしていて、僕もサンタクロースの格好をして試合をしたことがある。テレビマッチだけは絶対に休まず放送するので、クリスマス休暇期間はハウスショーだけを休みにしていた記憶がある。

当時、僕はロスに住んでいて日本人の友だちがいっぱいいたが、一月一日はさすがにみんな休みで、僕だけがいつもと変わらず試合に出かけていく。「あ〜あ」という思いだったのをよく覚えている。

一年中、まとまった休みはなく、つねに次の試合のスケジュールに追われるのがWWEだった。プロレス界最高水準の高待遇には違いないが、ろくに自宅にも帰れないハードスケジュールに疲弊し、みずからWWEを離脱していくレスラーもじつは多い。

ビンス・マクマホンとの接近遭遇

WWEのボスといえば、おなじみのビンス・マクマホン。

ビンスとはじめて会ったのは、僕がまだ若手のころだった。最初に所属したIWAジャパンを退団しメキシコで修行していたとき、ビクターと一緒にアメリカへ行く機会があった。

そのころのWWEは現在のように組織がガッチリと固まっておらず、関係者の口利きで所属外の選手が参戦することもわりと容易だった。ビクターはゴリラ・モンスーンという当時のWWE副社長と仲が良く、その口利きで僕はテレビ収録番組ロウ（RAW）に出演させていただいたのだ。

そのとき宿泊したホテルは会場横のホリデイ・インだったのだが、ホテルのバーで多くの関係者らにまじってバドワイザーを飲んでいる紳士がいた。ビクターが、「あれがビンスね、わかる?」と教えてくれた。雑誌で顔を見たことはあったので、

「あ、そうだ。ビンス・マクマホンだ!」

とはいえ、そもそも当時はアメリカのプロレスには興味がなかったので、僕自身はその程度の認識だった。

そのころのビンスはまだそれほどの威圧感もなく、関係者らにまじって普通にビールを飲んでいる社長さん、という雰囲気だった。なので僕も特に緊張することもなく、普通に挨拶をして握手もして……、そんな感じだったのだ。

そして、それから五年後の二〇〇一年。僕はWWEと契約し、今度は部下としてボスのビンスと再会することになった。

ECWでの二年間はアメリカに住んでいたので、さすがの僕もそのころには、WWEの組織としてのスケールの大きさも重々認識していた。

さらに「悪のオーナー」としてテレビに登場しては、「おまえはクビだ!(You are fired!)」と怖い顔で所属選手に叫ぶ姿を毎週テレビで見ていたので、僕の中でのビンス像も以前とはケタ違いの大物に変貌を遂げている。

ＷＷＥと契約後、はじめて会場へ呼ばれビンスと対面したとき、僕は結構ビビッていた。それでも、心のどこかでは思っていた。

「おそらく本当は面白い人なのだろう。なんとなくだけど、そんなにビビらなくても大丈夫な気がする」

というのも、テレビで目にするビンスの「悪のオーナー」は本人が好きでやっている感じが多分にあったので、そういう人はきっと面白い人なのだろうと思えたのだ。

ならば、こちらもそのキャラクターに敬意を表して、あえてビビッた演技をしたほうがいいのか、いやそれとも……。そんなことをグチャグチャ考えて、結局、僕は相当にビビッていたのだと思う。

そうしてバックステージで、ビンスが一人になったところを見計らい、駆け寄って元気良く挨拶した。

「ＴＡＪＩＲＩです。ＷＷＥに入れていただき、ありがとうございます！」

「うん、頑張れよ」

「はい！」

それだけ言うと僕はそそくさと退散し、ため込んだ緊張感を吐き出すように、物陰で大きく息を吐いた。

ＷＷＥでの生活がスタートし、いろいろ観察しているうちわかってきたのは、ビンスとふだんから普通に会話を交わしているのは首脳陣くらいだということ。

こちらから話しかければ普通に接してはくれるものの、やはりその威圧感に圧倒されてしまうところもあるし、それ以上に選手はビンスという存在自体を絶対的にリスペクトしているので、その領域に自分からなかなか近寄りがたい……。僕にはそのように感じられた。

それでも僕は結構ビンスにチョッカイを仕掛けられていたほうだ。わりとフランクで付き合いやすかったエージェントに「ヘーイ！」と呼ばれて、こちらも気軽に「ヘーイ！」と近寄っていったところ、すぐ後ろの物陰に隠れていたビンスが突如姿を現したことがある。

「う、うわー！」

「おい、おまえはいま私に向かってヘーイなんて軽口を叩いたのか」

「ノー、ノー、ノー！」

「うははは！」

ビンスはそんなお茶目な一面も持ち合わせていたのだ。

緊張感あふれる全員ミーティング

しかし、もちろんビンスはただお茶目なだけの人間ではない。いまはどうか知らないが、僕がいたころのWWEでは、やたら全員ミーティングがおこなわれる時期があった。

ある日の全員ミーティングでのこと。その日、ビンスはやけに不機嫌だった。僕は英語がそれほど達者ではないので、同じ日本人所属選手で英語堪能なFUNAKIさんの近くに陣どり「いま、なんて言ってるんですかね」といつも尋ねたりしていたのだが、その日に限ってなぜかFUNAKIさんは遠くの席に座っていた。

機嫌が悪く語気も荒い、そんなビンスが話している内容が僕にはまったく理解できない……。

で、僕は直感的に「これは最後ビンスに『TAJIRI、何か意見があるか』とみんなの前で吊るし上げられるな」という予感がした。すると、話を終えたビンスが僕のほうをジロリと見た。

「ＴＡＪＩＲＩ、何か意見があるか」

本当にそのとおりになってしまった。ビンスがいったい何を話していたかすらわからないので答えようもない。

「えと……、あのぉ……」

一〇〇人以上はいる選手・関係者全員がシーンと静まりかえり、僕とビンスに注目している。するとビンスは吐き捨てるように言った。

「全然ダメだな、おまえは！」

本当にダメなヤツだ、と心底思われたようだった。そこで全員解散とあいなったのだが、このとき発言を求められたのはなぜか、確実に話の内容を理解していないと誰からも思われていた僕だけ。あれはやはり、機嫌の悪かったビンスによる、意地悪な狙い撃ちだったと思うのだ。

ビンスは……、というよりＷＷＥという組織は一瞬たりとも油断ができない。それもまたＷＷＥの一面である。

ビンスによる「理想的な試合の流れ」講座

全員ミーティングで、毎回ビンスが最後に決まって話していたのは「表情でプロレスをしろ！」ということだった。

両手で四角いフレームを作り、それを顔の前で交互に動かし、

「マネー・イズ・ヒア！」

「プロレスというビジネスでは、マネーは『ここ（顔の表情）』によって生み出されるんだ！」というのがビンスの最重要なプロレス哲学の一つだった。同時期にＷＷＥに在籍していたレスラーに再会すると、いまでもビンスのその仕草を真似しては笑い合ってしまう。

ある時期、ビンスが「プロレスの理想的な試合の流れ」について力説したことがあった。

「まずはベビーフェイスがカッコ良いところを見せる。それをヒールが悪い手段でストップし、攻めまくって観客をイライラさせる。観客のイライラが最高潮に達したら

ベビーフェイスが反撃する――。こういう典型的な勧善懲悪の試合展開がエンタメを見にくる観客にはいちばんわかりやすくてウケるのだ！　それを意識して、試合に臨め！」

ボスの言うことは絶対。なので、レスラー全員がビンスに言われたとおりの流れで試合を進めてしまい、ショー全体が似たような試合ばかりになる事態となった。

だがあるとき、ビンスに異議を唱えるレスラーが現れたのだ。

エディ・ゲレロだ。その当時の彼はＷＷＥ王座に手が届く直前、人気絶頂の時期だった。そのエディが全員ミーティングのときにみずから挙手して、ビンスに向かってこう言い放ったのだ。

「オレはそうは思わない。プロレスにはいろんなやり方があるはずだ。オレはオレのやり方でやる」

エディはそう言って、部屋を出ていってしまったのだ。部屋中がシーンとなり、ビンスはというと「んん……、ぬぬぬっ！」

あんなビンスの表情を見たのはそのとき一度きりだ。まさに「マネー・イズ・ヒア！」を体現する凄い表情だった。まるで映画の一シーンのようで、誰もがエディの勇気に惚れ惚れしてしまった。

同時に「エディはビンスにあんなことを言ってしまって、これから大丈夫なんだろうか」と心配にもなった。ＷＷＥにおいてビンスは絶対神ともいうべき存在だ。そのビンスに異議を唱えるなんてありえない。しかしエディははっきり「ノー」と言い放ったのだ。

みんなの心配は杞憂《きゆう》に終わり、エディはその後も会社のプッシュを受け続け、一か月後にはとうとうＷＷＥ王者になった。これはつまり、ＷＷＥという組織が「本物のプロの世界」だからだと僕は思う。

ボスが自分の感情に左右されて判断を下すという愚かな事態は決して起こらず、どこまでもビジネスとしての損得ですべてを判断していく。だからビンスはエディの「異議申し立て」を黙認したと思うのだ。ＷＷＥはとことんまでにプロフェッショナルな世界なのである。

選手に拒否権はないが提案権はある

ＷＷＥはマクマホン一家のファミリービジネスだ。ビンス、娘のステファニー、娘婿のトリプルＨ。僕が所属していたころにはビンスの奥さんのリンダに、息子のシェーンもいて、ファミリー全員が幹部としてＷＷＥのビジネスに携わっていた。

そんなマクマホン一家が中心となって決定されるストーリーなどの会社命令は絶対。レスラーは「こんなのやりたくない」「こんなのおかしい」なんて口が裂けても言えないのである。

もっとも、会社から降りてくる決定は徹底的な議論と精査を経たものなので、おかしなものはあまりないのも事実なのだが。

それでも何か意見があるときは、会社とレスラーのパイプ役となっている「ライター」を通して伝えることはできた。その場合は「こうしたらもっと面白くなると思うのですが、いかがでしょう?」と前向きな提案という形で自分の意見を表明するのだ。

WWEはアメリカの高視聴率なテレビ番組という面もあるので、日本でいう番組の構成作家が「ライター」として何人も雇われている。彼らも、ちょっとツマラないストーリーを書くと、「こいつはダメだな」と情け容赦なくクビを切られてしまう。誰かが切られると翌週には新たなライターが雇われてくる。

ほぼ毎週それが繰り返されるので、制作チームメンバーの入れ替わりも激しかった。それこそ名前も覚えないうちに消えてしまう人が後を絶たない。

そんなライターの彼ら、いや、ライターに限らず、カメラマンも、照明さんも、WWEの制作に関わる彼らのほとんどすべてが、最終的にはエンターテインメントの頂点、ハリウッドで活躍することを目指しているようだった。

少なくとも僕がいた当時、制作チームの誰かと話をすると将来の夢としてほとんどの人がハリウッドを口にした。そういうところからも、WWEはやはり「スポーツ・エンターテインメント」の会社だと思うのだ。

家族といる間もプロレスの話をし続けるマクマホン一家

前述したように、ＷＷＥはオーナーのビンス、娘婿のトリプルＨ、娘のステファニーらマクマホン一家によって運営されている。ＷＷＥは世界中でテレビ放送され、世界中をツアーでまわっている。そんな組織をつねにまわし続ける彼らには、「休みたい」「遊びたい」という感覚はおそらくないと思う。

彼らと直に接して、いつも感じていたのは「普通の人間ではないな」ということ。それぞれが「世界最高のビジネスマン」であると同時に「フィクションの世界の住人」のようであり、通常の感覚では計り知れない存在感があるのだ。

マクマホン一家はプライベートジェットで移動するのだが、一度その飛行機に同乗した某選手によれば「家族でずっとビジネス（＝プロレス）の話してたぞ」という。

そんなトップが牽引する組織なので、ＷＷＥはレスラーもスタッフも、関わるすべての人間のプロ意識が高い。かつてＷＷＥのライバル団体として存在したＷＣＷが崩壊したとき、合わせて二〇人以上の選手が一気にＷＷＥに移籍してきた。そのとき、僕たちはWWEとWCWのプロ意識の違いを如実に知ることになった。

あるハウスショーの日の朝。僕はその日、当時の副社長JR（ジム・ロス）と二人で車で移動していた。すると、誰かからの電話を受けた彼がカンカンに怒っているのだ。

「どうしたんですか」

JRは、電話がWCW移籍組の一人の某女性タレントからだったと明かして、こう叫んだ。

「彼氏と海に行くから今日のハウスショーには行けない、って言うんだよ。信じられん」

僕は唖然としたが、そんなことが次々と起こる。別の日には、元WCW王者の某選手のお母さんが電話してきた。

「うちの息子が熱っぽいんで、今日は休ませてください」

WCWは年俸制だったという。試合をしてもしなくても、決まった額が毎週きちんと振り込まれるシステムだ。だから、誰もが休みたがっていて、特にテレビ放送のないハウスショーは出たがらない傾向があり、少しでも怪我をしたら「休む」と言いだしたという。

やはりＷＣＷから移籍してきた某エージェントはこう言って嘆いた。

「蚊に刺されたら一週間は休める会社だったんだよ」

プロレスの歴史を振り返ると、「顔の見えない大資本がバックについて、黙っていても決まったギャラが支払われるようになると、かならず全員が怠けだす」という法則が成り立つように思う。

ＷＣＷのバックはアメリカでも超大手のテレビ局だった。

プロ意識の塊で、つねに周囲へも目を光らせているマクマホン一家が陣頭指揮を執るＷＷＥがＷＣＷに勝利したのは必然だったと僕は思うのだ。

ジョン・シナ誕生の瞬間

ＷＷＥはどの時代にも、全世界を熱狂させるスーパーキャラクターを次から次へと生みだしてきた。全世界を席巻したハルク・ホーガン、ハリウッドのトップスターとなったザ・ロック、一大ブームを巻き起こしたジョン・シナ。

世界一の会社には世界トップレベルの才能を持ったレスラーが集まり、そんな彼らのキャラクターを引き出すスタッフサイドの才能も世界トップレベルなので、「世界中を魅了するキャラクターが次々と生まれる」という好循環が起こるのだと思う。

ただし、そんなWWEであっても、まったくの偶然から超人気キャラクターが誕生してしまうケースもある。ジョン・シナだ。

僕は、偶然「ジョン・シナ」がブレイクするキャラクターを生み出した瞬間を目撃しているのだ。

ジョンは、WWEが猛プッシュしたにもかかわらず、当初はちっとも売れなかった。一軍に昇格したがあまりにウケないので再び二軍へ戻されてしまったこともあった。

それでもなんとか一軍に復帰した二〇〇二年の冬。欧州に二週間のツアーへ出たとき、奇跡が起きた。

移動のバスの中で、ジョンが突然、その当時の彼が置かれている現状、なかなかブレイクできない苛立ちやむなしい心境を得意のラップにして即興で歌いだしたのだ。

誰もがびっくりして聴いていると、バス前方に座っていたステファニーが驚きの声をあげた。

「あなた！　こんな特技があったのになんで教えてくれなかったの？　来週からテレ

ビでやってみましょうよ」

その翌週、ジョン・シナは「ラッパーキャラ」に変身。得意のラップで相手をディスりだすと観客のハートをまたたく間にワシ摑み。あっという間に大ブレイクして、世界的なスーパースターへと上りつめてしまった。

こういった奇跡も起こり得るので、レスラーもキャラクターを発掘する側も、ふだんからつねにアンテナを敏感にさせておかなければいけないのだ。

ヒットするキャラクターに共通する要素とは

これまで数多くのヒットキャラクターや、それをはるかに上回る大量の不発に終わったキャラクターを目にしてきた。その経験から、「キャラクターの成否を分けるポイントは、もしかするとこれじゃないかな」という僕なりの基準がある。

「プロレスにおけるキャラクターは、その人がもともと持っている資質を活かしたものでないとうまくいかない」

というものだ。

選手独自のキャラクターを強調し、観客にわかりやすく表現していくには、その人本来の資質に沿うものでないと、どうやら魅力が生まれないようなのだ。

前述したジョン・シナも、どうあがいても売れないころは「プロトタイプ」という未来戦士だかなんだかよくわからないキャラクターを演じていた。

ジ・アンダーテイカーやケインといった完全に「魔界の住人」みたいなキャラクターの場合は、それを演じる中身の人も基本的にふだんから無口だったし、亡くなってしまったクリス・ベノワさんのようにストイックキャラだった人は、ふだんの生活もとことんストイックだった。

自分の中にある「資質」を引き出し、観客を魅了するキャラクターにまで昇華させるためには、自分を客観視できなくてはいけない。それが自分では認めたくない「資質」だったとしても、それでブレイクできそうならガッカリせず（あきらめて）、その資質にしたがって独自のキャラクターを確立していくことだ。

キャラクターをヒットさせるには、ここがもっとも重要だと僕は思う。

しかし現実には、「カッコ良いキャラクターじゃないとイヤだ！」「悪者になんかなりたくない！」というレスラーが多い。そんなことではダメである。それではヒットするキャラクターには永久に出会えず、大金を稼ぐこともできない。

どんな世界でも「自分の資質を知り、受け入れること」はとても重要なことだが、同時に、とても難しいことなのだなと、「自分の資質に合ってないキャラクター」をやりたがり、いま一つブレイクできないレスラーをたくさん見てきた僕は思うのだ。

プロレスラーになった者なら、誰もがカッコ良いスーパーヒーローになりたい。だけど、ハリウッドでもトップに立ってしまったザ・ロックなどは特例中の特例。どうやら神様はスーパーヒーローの資質を持つ人間を数多く地上に存在させてはいないようなのだ。

ちなみに、僕のWWEデビューは、コミッショナーであるウイリアム・リーガルの「お茶汲み」というキャラクターだ。

あのキャラクターの場合は、「ふだんは侮《あなど》られているが、じつは強くてスゴいヤツ」という、僕が「こういう男がカッコ良いんだ」と常日頃から抱いている美学に沿ったキャラクターだった。

いずれにせよ、その人がもともと自分の中に持ち合わせている何かがベースにないと、なかなか本物は創り上げられない。

そういった意味でまさに「本人の資質そのもの」を活かしたスーパーキャラクターが僕の身近には存在していた。いま名前を挙げたウイリアム・リーガルである。

「悪い人」が演じていた「悪徳コミッショナー」リーガル

リーガルはかつて日本のＷＷＥファンから「師匠」と呼ばれていた。当時僕が『週刊プロレス』で連載していた旅日記に頻繁に登場していて、僕はテレビでの役柄関係のままリーガルを「師匠」と記述していたからだ。

それによりリーガルは「ＴＡＪＩＲＩの師匠」というイメージが定まり、ＷＷＥ日本公演の際は「師匠」コールが巻き起こるほど、そのイメージは深く浸透していた。

たった一つ、「師匠」というイメージを加えることでキャラクター像がくっきりと浮かび上がるし、そう呼んでいる「弟子」と「師匠」二人の物語がその瞬間にスタートする。

キャラクターをつける、いわゆる「キャラづけ」とはそういうことなのだ。

僕は緑色のダサいポロシャツ姿でコミッショナー役のリーガル師匠のところに「お

茶汲みでもなんでもいいから僕を雇ってください！」と押しかけ、まんまと弟子入りするシーンからＷＷＥ生活の幕を切った。

表向きは英国紳士のコミッショナー、裏の顔は悪いヤツ……。それが師匠のキャラクターだが、実際のところ、それはもはや「資質」なんていう生やさしいものではなく、本人そのもの。リーガル師匠は腹の中で自分以外の全人類を完全に見下しているような人だった。悪徳コミッショナーのキャラクターそのまんま。師匠は本当にそういう人間なのである。

それでも僕との付き合いは深かった。なぜか、やたらとウマが合ったのだ。長い期間、二人だけでの車移動もしたし、お互いの家族の交流もあったほど。

イギリス人である師匠は、アメリカでは「自分は外国人である」、しかも「かつてこのアメリカを支配していたイギリス人である」という意識がやたら強かった。僕に対しては「同じ外国人」同士という仲間意識もあった一方で、「欧米人である私」という立場から「東洋人の僕」を見下す感覚で接していたようにも思う。

僕と師匠はプライベートでもテレビの役柄そのまんまの関係だった。それでも、つねに「配下の者」扱いされていた僕自身が「ウマが合った」と言いきるのだから、その関係性には公私とも無理がなく、「プロレスにおけるキャラクターは、その人の資質を活かしたものでないとうまくいかない」をまさに地でいくもの。二人のキャラクターは完全にスイングしていた。

そんな極悪人な師匠でも、一度だけ僕に弱気な顔を見せたことがある。

そのころの師匠はなぜか善人のコミッショナーを演じさせられていた。それは師匠本人の人格と正反対のもの。心の底からつまらなかったらしく、レストランの向かい合った席で寂しそうな顔をし、いきなりこうつぶやいたのだ。

「この会社、辞めましょうかね。日本にでも行こうかな……」

さすがに面と向かっては笑えなかったが、心の底で大爆笑してしまった。いい歳こいたイギリスの悪いオッサンが、自分の好みじゃない役が嫌で会社を辞めると言っているのである。

ただ、たしかに自分にフィットしない役割を無理やり演じ続けていても、良いことはまったくない。そればかりか虚構の世界の「自分」が現実の自分に流れ込んで、心を病んでしまうことすらある。その実例を一つ記そう。

これは、僕自身が体験した嘘偽りなき事実である。

悪のキャラクターが自分に乗り移る恐怖体験

当時のWWEは月曜日のロウ（RAW）と木曜日のスマックダウン（SMACK DOWN!）という二つのテレビ番組を毎週放送していた。僕はロウに所属していたが、ある日、番組編成のキャスティング事情からスマックダウンへ移籍することになった。

そこで僕を待ち受けていた新たなストーリーは、彼女役のトーリー・ウィルソンという金髪美女を、彼氏役の東洋人TAJIRIが徹底的にいじめ抜くという、僕からすると「え?」というものだった。

ストーリーを知って、僕はライターに聞いてみた。

「あの……、このストーリーってどういう結末を迎えるんですか」

「まだ決まってないんだけど、とことんいじめ抜いてほしいんだ。いじめの良いアイデアがあったら随時伝えてね」

とんでもない役を仰せつかったものである。ライターもそんな具合だから、このストーリーはどうやら完全に見切り発車のようであった。

おそらくはビンスの気まぐれだ。たまにではあるが、こういうこともWWEには、ある。それにしても「女の子をいじめ抜く様子を世界中に放送するからさ!」とは凄い会社があったものだ。

わりと生真面目な僕は、会社に言いわたされたとおり、トーリーを「東洋的手法でいじめ抜く方法」を真剣に模索しはじめた。

まずは無理やりジャパニーズ着物を着せてみよう。そして、嫌がる彼女をまるで捕虜を連行するように連れまわして、それから……。

いつしか僕の頭の中は猟奇的思考でいっぱいになっていった。

じつはECW時代に、ヒールとしての凄みを増すために「ナイフで頰を切って、大きい傷をつけちゃおうかな」と鏡の前で連日悩んだことがある。

それはあくまでライトな自傷意識だったのかもしれないが、このときは他人に対して、しかも女の子に対して「どうやって傷つけて、いじめようか」と真剣に考え続けたのである。

そして、僕は何かに取り憑かれていったのだ。

「彼女の両手を縄で縛って、身動きできないようにしましょうよ」

本気で嫌な顔をしているトーリーの前で、そんな提案をライターに平然とするようになっていた。

僕の行動は日々エスカレートした。

しだいに、他人と一緒に行動することが嫌になり、移動も一人でするようになった。車の中で、ルームミラーに映る日々悪人のそれになっていく自分の目つきを満足げに確認しながら、「このバカ女！　こっちにこい！」などと叫んでみたり。移動の途中に立ち寄ったレストランでは、店員さんが「ＴＡＪＩＲＩだ」と気づくと、わざと嫌味たっぷりに慇懃《いんぎん》無礼な態度をとってみたり。

当時はそんな自分を「私生活でもキャラクターの研究を欠かさないオレはなんてエラいんだ」と自己弁護して、正当化していた。

しかしながら、そういう悪い思考で頭の中をいっぱいにして日々行動していると、現実の生活でも良いことが起こらなくなってくる。何をやっても悪いほうへ、悪いほうへと空まわりしている感じで、しまいには体調までも悪くなってきてしまった。

「これはいかん！」

そのストーリーが二か月間も続いたころ、僕はメンタル的に限界を迎えていた。

ストーリー自体もお客さんをただ不快にさせているだけで、ちっともウケていないことをはっきりと感じていた。

その認識は会社も同じだったようで、ある日、このストーリーは唐突に終焉を迎える。僕のいじめに怒りを鬱積《うっせき》させてきたトーリーが試合中に悪人ＴＡＪＩＲＩを裏切り、腹いせに着物を脱ぎ棄てると、いかにも「アメリカンガールでございい」的なビキニ姿となり、机の上で喜々として踊り狂うという、まったくもってテキトー極まりないクレイジーな結末……。

こうして僕は、二か月間に及ぶ暗く長いトンネルから解放されたが、じつはそれから長い間、立ち直ることができなかったのだ。

リングに立つと、二か月間ですっかり浸透してしまった「ＴＡＪＩＲＩ＝金髪美女をいじめるアメリカの敵」というお客さんの攻撃意識が塊となって投げつけられてくるように感じて、何をやってもうまくいかなかった。

完全に立ち直れたと自覚できるまでには、一年もの歳月を要してしまったのである。

改めて述べるまでもなく、キャラクターとは架空の存在であり、人間の想像力によって生み出されたものだ。しかし、その想像の産物が時として人の心を侵食し、現実世界に影響を及ぼしてしまうほどのパワーを発揮することがある。僕はその怖さを身をもって経験したのだ。

キャラクターに刻印されたエディ・ゲレロの生きざま

先にプロレスにおけるキャラクターは、その人の資質を活かしたものでないとうまくいかないと記したが、性格やバックボーンだけでなく、その人の生きざまが否応なく滲み出て魅力的なキャラクターを創り上げてしまうケースもある。

その最たる例がエディ・ゲレロだったと僕は思う。

これまで僕が戦ってきた中でも、エディ・ゲレロこそはプロレスの天才と呼ぶにふさわしい人だった。

自分の技を繰り出すときも、相手の技を受けるときも、エディはミリ単位のミスすらない。加えて、観客の心理を完全コントロールしてしまう多彩な表情や小さな仕草の一つひとつ。そして、それらをもっとも効果的に活かすためのタイミングの計り方。

プロレスを構成するすべての要素において最高レベルの能力を持ち、欠点が一つもないのだ。

そんなエディは、一方で薬物や家族の問題のためにプロレス人生におけるほとんどの時間を苦悩とともに過ごしていた。薬物が原因でリハビリ施設に入所したり、あるときはWWEを解雇されてしまったりもするのだが、それを克服し再びリングに戻ってくる。そんな彼の生きざまはファンにも逐一知れわたっていた。

人間は先入観からモノを見る。だから、トラブルを克服してリングに戻ってくるエディの姿を見て、ファンはその背後に苦悶しながら生きる男の生きざまをも見ていたはず。

だからなおさら、エディの一挙手一投足が気になってしかたがない。

「この人は何かの拍子にまた壊れてしまうんじゃないか」

そんな危うさ。だが危うさは色気と背中合わせだ。そして色気こそは、リング上のキャラクターが放つあらゆる魅力の中でも極上のアイテムである。

エディは、色気の塊だった。

ある日のこと。試合前の朝、ジムへトレーニングに行くとエディがいた。目の下に大きなクマを作って、ケダるそうにダンベルを挙げている。

「昨日、まったく寝られなかったんだよ……」

薬物は断っているはずの時期だった。いったいエディに何があったのか……。

これだけで同僚である僕の頭の中でも、エディのドラマが勝手にスタートしてしまう。ファンだけではなく、接する人すべてをそれほどまでに感化してしまうのがエディ・ゲレロという人だったのだ。

鮮烈な「印象」として記憶の中で生き続ける男たち

エディ・ゲレロとのコンビでWWEタッグ王座に君臨した想い出は、僕の人生における永遠の宝石である。

陽気なラティーノを演じていたエディだが、その精神はガラス細工のように繊細でもろかった。毎試合前、それがテレビ収録の大会であろうと小さな会場でのハウスショーであろうと、エディはかならず、何かに怯《おび》えるように神への祈りを欠かさなかった。

そして、自分自身に厳しく、他人にも厳しかった。コンビを組んでいた時期、試合中にほんの少し、誰にもわからないようなミスを僕がしてしまっても、天才エディにだけはわかってしまう。そういうとき、エディは試合後に怒り狂った。

試合を終えて控え室への通路を歩いていると、エディの背中が怒りに震えているのがよくわかる。

「ああ……、怒鳴られるな」

案の定、控え室に入ったとたん、エディは思いきり椅子を蹴り飛ばす。

「ファッアアアアアーク！」

あのころは毎試合、耐えがたいプレッシャーを感じていた。天才には許せないのだ、完璧な表現を穢《けが》されることが。

エディ自身は絶対にミスをしない。天才だから。そんな天才とコンビを組んでいるのが、僕なのだ。どんなに大きなプレッシャーがかかろうと、どんなに怒鳴られようと、天才エディのパートナーであるということが僕の誇りだった。

そして、僕は思うのだ。エディは、ある日この世から忽然《こつぜん》といなくなってしまったエディは、もしかすると自分のこの世界での持ち時間がそれほど長くはないことを、うすうす感づいていたのではないだろうかと。だから、わずかなミスにもあんなに怒り狂ったのではないだろうか。

いま、エディとの記憶をたどってみても、脳裏に浮かんでくるのは彼のふとした表情や仕草の「静止画」ばかりで、たくさんの時間を共有したはずのリングでの「動画」はちっとも甦ってこない。それはエディだけに限らず、やはりすでに他界してしまった恩師ビクター・キニョネスにしても、クリス・ベノワさんにしても同様なのだ。

もしかするとプロレスの世界におけるキャラクターは、最終的に一枚の静止画、別の言い方をすれば一つの「印象（イメージ）」として人々の中で生きていくのかもしれない。

意味のないシーンが一瞬でも存在してはいけない

プロレスにおいてキャラクターが活躍するメイン舞台。それは、リングである。キャラクターをリングで動かし極上の作品に仕上げていくには、「見やすさ」と「わかりやすさ」が必須条件である。試合においては整合性が大切で、理にかなっていないことは排除していかなくてはならない。

この作業は「サイコロジー」と命名されている。

サイコロジーとは一般的に「心理学」のことであり、ウィキペディアには「心と行動の学問であり、科学的な手法によって研究される。そのアプローチとしては、行動主義のように行動や認知を客観的に観察しようとするものと、一方で、主観的な内面的な経験を理論的な基礎におくものとがある」と記されている。

かなり難解に見えるが、僕的な解釈では「人間は、こうなれば、ああする」ということを真面目に研究してみよう、というお勉強といったところだろうか。

ＷＷＥのレスラーは、このサイコロジーという言葉をよく使う。そしてＷＷＥにおいてこの言葉は「こうなれば、ああするはずだから、こうしていくべきである」という文脈で用いられる。簡単な言い方をすれば「当たり前のことを当たり前に展開する」ということでもある。

ＷＷＥのプロレスは、サイコロジーにより徹底的に整備されている。緻密で合理的なサイコロジーによって、無駄な要素は一切排除される。時にはそうではない作品もあるのだが、少なくとも「すべて、そうあるべきだ」という方向性がつねにある。

そこでは映画やマンガと同様に「意味のないシーンが一瞬でもあってはならない」

という、エンターテインメントと呼ばれるジャンルの基本が徹底されているのだ。

ＷＷＥにおいては、サイコロジーが体系化されている。ＷＷＥに入る以前、僕はプロレスにおけるサイコロジーというものの存在自体を知らなかった。それを僕に教えてくれたのはＷＷＥでエージェントとして活躍していたアーン・アンダーソンやデーブ・フィンレーといった往年の名選手たちである。

これがプロレスの試合を支配する「サイコロジー」だ

サイコロジーに従ってプロレスの試合を展開させると、自動的にある一定レベルの「良質な作品」に仕上がるようにできている。逆に、それがないと試合がガチャガチャしてくる。

アベレージをはるかに上回る「傑作」に仕上げるためには、各選手のキャラクター力やセンスなどといった他のエッセンスも必要となってくるが、サイコロジーに従えば、おのずと一定の水準をクリアした試合を観客に提供できるのだ。

より具体的にご理解いただくために、ＷＷＥで一般的に用いられているサイコロジーの例（ほんの一部にすぎないが）を挙げてみよう。

まず「プロレス」という大きな枠組みで例を挙げる。

■イイ者vs悪者という構図はわかりやすくてノレる。

■イイ者には華麗な技が似合うが、悪者には（通常は）似合わない。悪者にはパンチやキックなどの乱暴な技のほうが似合う。

試合の流れについて、一例挙げてみる。

■胸元へのチョップと、胸元へのミドルキックが得意な選手がいる場合、その二つの技を繰り出す順番は（特別なことがない限り）①チョップ②ミドルキックであるべきだ。

↓チョップよりもミドルキックのほうが相手に与えるダメージが大きいので、この順番が逆になると、大砲を打ち込んでも死ななかった相手に小型拳銃で大砲以上のダメージを与えようとする無意味な行為となるから。

もっと簡単な例としては、こういうものもある。

■蹴りが得意な相手と戦う際は、その蹴りを出させないようにするため徹底的に脚を狙う。

■反則攻撃はレフェリーに見られないようにおこなう。

■大型レスラーがちょこまか動くとその大きさが目立たなくなるので必要最低限だけ動くようにする。

■大型レスラーが小型レスラーにロープに振られることは物理的にありえない。

僕自身の試合を例に、具体的に説明するとこうなる。

■身長一七二センチ、体重八五キロのＴＡＪＩＲＩが、身長二メートル、体重一五〇キロの大男と戦う場合、ＴＡＪＩＲＩは大男に投げ技は繰り出せない（体重差がありすぎるので持ち上げられないから）。

↓ＴＡＪＩＲＩが勝つには大男の頭を蹴るバズソーキックが最適である（頭部は身体の大小にかかわらず弱点だから）。

↓ＴＡＪＩＲＩが大男の頭を蹴るには、まず脚から攻撃することが望ましい（土台である脚から崩し、頭部の位置を下げ蹴りやすくする）。

こんな感じである。もう一度同じことを書いてしまうが、プロレスにおけるサイコロジーとは、やはり「当たり前のことを当たり前に展開する」ということなのである。

ＷＷＥのプロレスは、こうしたサイコロジーにより徹底的に整備されている。もちろん映画やマンガにおいて、徹底的に意味のないものを羅列することで一つの作品として成立させるケースがあるのと同様に、徹底して不条理さを追求するプロレスが存在しても、それはそれでアリである。

しかし、プロレスが大衆娯楽として広く世間に受け入れられるためには、「当たり前のことを当たり前に展開する」サイコロジーは絶対に必要なものだと僕は思うのだ。

そうでなければ（サイコロジーに従った試合でなければ）、はじめてプロレスを見た人にこう言われてしまうであろう。

「意味がわからない」と。

サイコロジーに従っていないプロレスは、技を出す順序などお構いなしで大きな技を連発したり、いきなり相手を頭から危険な角度でマットに叩きつけたりもする。WWEには、そういった試合は少なくとも僕が在籍していた時代にはまったくなかったし、現在もないはずだ。もしもやったら、一発でクビが飛ぶであろう。

しかし、現在はそういったサイコロジー無視のプロレスに熱狂するお客さんも多い。それは事実として認めるしかないし、お客さんの支持がある以上、そういうプロレスの存在そのものを否定はしない（以前はムキになって批判していたが、いまはもうしない）。

それでも僕の考えは変わらない。プロレスにはサイコロジーが大事だと主張し続ける。それがプロレスの存亡に関わる大問題だと考えているからだ。ここだけは誰になんと言われようとも、僕の考えは絶対に変わらない。

もっとも、世界最大のプロレス団体であるWWEは過去も現在も一貫してサイコロジーにもとづくプロレスを展開している。だから、僕がことさら日本で論陣を張る必要はないのかもしれないのだが。

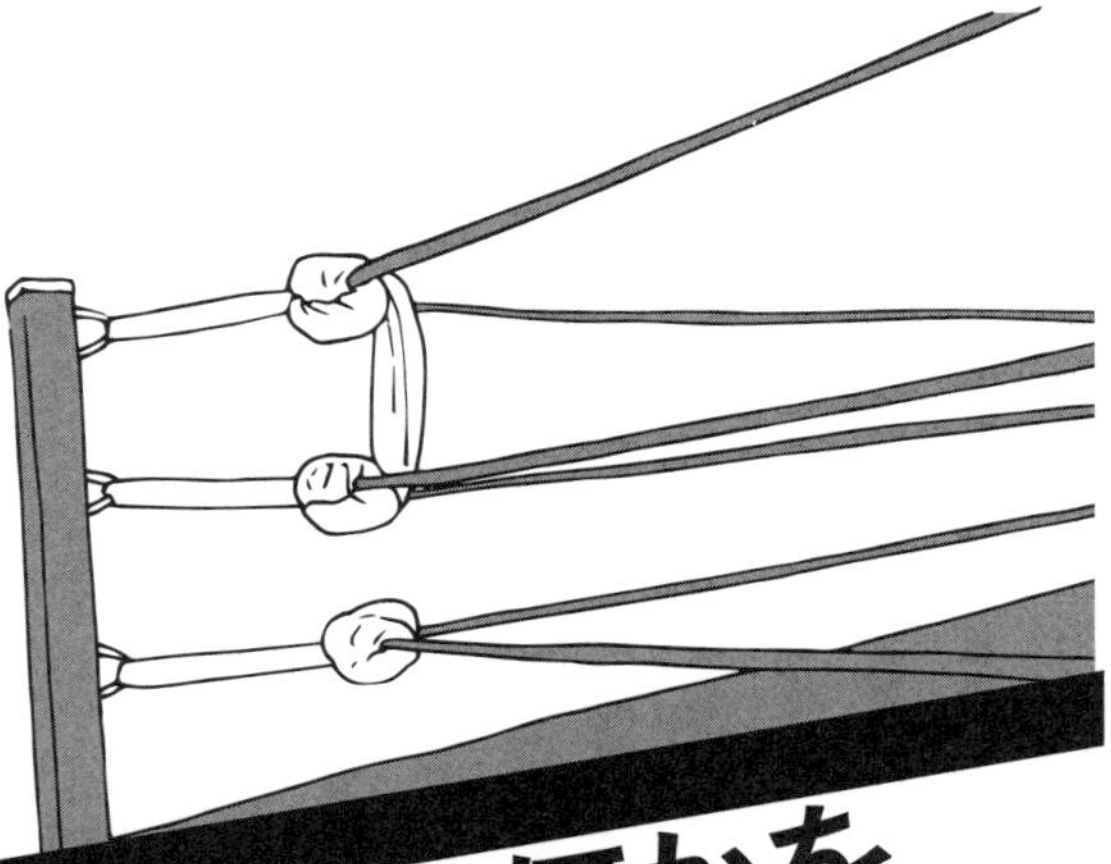

第5章

オレたちは新しい何かを創り出している

——ハッスル戦記

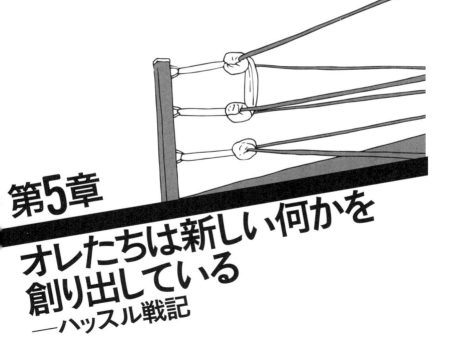

イベントを作る側もやってみたい

ＷＷＥで「キャラクター産業としてのプロレス」を体験し、「プロレスにおけるサイコロジー」を学んだ僕は、自分の中である変化（それは願望といってもいいのだが）が起こっていることに気づいた。

「イベントを作る側もやってみたい」

そう思うようになってきたのだ。やや哲学的な言い方をすれば、

「リング上でＴＡＪＩＲＩというキャラクターを表現するだけではなく、別の立場で、もっと包括的な表現がしてみたい」

ということだ。そして、僕は決意した。

「不完全な英語力ではアメリカで自分を表現しきることは不可能。ならば、日本へ帰るしかない」

その気持ちを抑えきれなくなり、二〇〇五年、僕は五年間在籍したＷＷＥをあっさ

りと退団してしまった。

退団当時は「TAJIRIはエディ・ゲレロの死にショックを受けて、WWEを辞めた」なんて言われ方をあちこちでされたが、真相は違う。

あのころはWWEに所属する誰もが精神的な疲弊の極みにあり、僕も『週刊プロレス』の連載などでやたらネガティブなことばかり書いていたので、エディの死が退団のきっかけと思われてしまったのだが、実際には新たなビジョンに導かれての退団だったのだ。

自分のやりたい「表現」を日本でやろう——。

WWEを退団した僕はロサンゼルスの家を処分し、アメリカで生まれた二人の子どもと奥さんを連れて八年ぶりに日本に戻った。

次の就職先も決まらないまま、完全なる無職での帰国。それでも新たに始まる生活に、「また新たな国へ移住してきたぞ!」という興奮しかなく、ワクワクしっぱなしだった。

僕が求めていた理想はハッスルにあった

八年ぶりに帰ってきた日本。当時、日本のプロレスはボロボロだった。いまや栄華を誇る新日本プロレスでさえ、後楽園ホールの南側は空席でまっ赤っ赤だった。すでに業界自体が暗黒時代に突入していたのだ。

僕は帰国後に、所属のオファーをくれた各団体の後楽園ホール大会をすべて見てまわった。ファンにとってはいろいろな想像を膨らませるのも面白いだろうからあえて書いてしまうが、ノアとドラゴンゲート以外の主要団体はすべて、僕に所属のオファーをしてくれていた。

観戦してみると、どの団体もいわゆるレスラーのアスリート的スキルが高いのは「さすが日本！」という感じだったが、サイコロジーに従って試合が展開されていたかというと、「そういう試合をしている選手もいれば、そうではない試合をしている選手もいる」という状態だった。

「日本ではサイコロジーが体系化されていないいんだな」

そう思った。そして、長いことアメリカのプロレスになじんできた身として、

「戦う理由が見えない試合にはノレないな」

そんな不満があった。

さまざまな遺恨の末に、その日ついに一対一での対決を迎えるという試合もあったのだが、その試合にいたるまでの経緯が試合前に十分伝えられないので、「一見《いちげん》さん」の僕はショーの進行にとり残されてしまったのだ。

そんな中でハッスルを見にいった。

正直、僕はハッスルというイベントがどのようなものかまったく把握していなかった。ハッスルの発足当時はまだアメリカにいたし、ＷＷＥを僕よりも早く退団し日本に帰国したＫＥＮＳＯが狂言師の和泉元彌と戦ったリング……。その程度の認識しかなかった。

「とにかく一度、会場にきてください」

そう声をかけていただき、本当に気軽に会場に足をはこんだのだ。

さて。後楽園ホールに入ると、どの団体よりもお客さんの数が圧倒的に多かった。

しかも会場内の雰囲気がプロレス会場のそれではない。親子連れやカップルも多く、どちらというと「映画館にきた」ような印象で、他の団体との違いを強く感じた。

そして開演前、暗転した場内の巨大スクリーンに「ハッスルとは?・」というイベントの概念を説明するＶＴＲが流されたのだ。そんなものが流れるとは思ってもいなかったので、完全に意表を突かれてしまった。

各試合前には、これからリングでおこなわれる試合の「戦う理由」がわかりやすいＶＴＲで説明されていく。そして、試合だ。

一試合目からメインまで、すべて「フィニッシュ技が出たら一発で終わる」ＷＷＥスタイルで、プロレス本来のサイコロジーに裏打ちされた試合だった。

これはイベントとしてもプロレスとしても、相当優秀なエージェントが裏で指揮している組織に違いない。正直、圧倒されてしまった。

断言しよう。ハッスルは僕が帰国した当時、「観戦した全プロレス団体の中で」すべてにおいて圧倒的だった。表現として抜きん出ていたと思う。

芸能人が参戦したり、既存のレスラーを奇抜なキャラクターに変身させ試合をさせたりと、そういった面ばかりがクローズアップされてプロレスファンの批判の的になったが、それは僕に言わせると木を見て森を見ない意見というやつで、プロレス本来の「しっかりした基本《サイコロジー》」の有無でいえば、どこの団体と比べてもハッスルが断トツだったのだ。

さらにもう一つ。ハッスル以外の団体はどこも「レスラーＴＡＪＩＲＩ」へのオファーだったが、ハッスルだけは「制作チームにも加わってほしい」と申し出てくれたのだ。

「ここ以外にない！」

即決だった。こうして僕はハッスルと契約を交わし、日本での新たな生活がスタートしたのであった。

ハッスル制作会議で何が議論されていたのか

ハッスルでは週に一、二度、長時間にわたる制作会議をおこなっていた。ハッスル代表の山口日昇《のぼる》プロデューサーを中心に、舞台演出家、構成作家、映像クリエイターなどのスタッフが集まり、プロレスラーでは安生洋二さんと僕が参加。

総勢八名ほどが昼過ぎに集まり、だいたい夜中まで、時にはなんと明け方まで侃々《かんかん》諤々《がくがく》の論議を交わした。白いシャツを着て会議に参加したら終わるころには黄色くなっていた、なんてことが本当にあったほど。

「プロレスをもとに新しいエンターテインメントを創ろう」

それが基本姿勢で、決して「新しいプロレスを創ろう」ではなかったと僕は思っている。

会議ではどんなに珍妙な案でも、とにかく一度は口に出してみた。

「誰にも思いつかないことをやってみたい」

「絶対不可能と思えることを現実化したい」

全員がそんな姿勢だったから、毎回、会議が始まって数時間が経過するころには「そもそも試合をする必要なんてないのでは?」という意見もかならず一度は出ていた。

しかし、ハッスルを語るうえでここがいちばん重要なポイントなのだが、そんなスローガンを掲げつつも、ハッスルの制作チームのほとんどがプロレス出身組だった。世の中でいちばん好きなものはやっぱりプロレス。そういう人たちばかりだったのだ。

だから発想のベースになるのもやはりプロレスであり、プロレスというジャンルを超越した方向性を模索しつつも、最後は「プロレス頼り」のアイデアに帰結することもかなりあった。繰り返すが、ハッスルを語るうえでここがいちばん重要なポイントとなると僕は思う。

名プロデューサー山口日昇と天才的アイデアマン安生洋二

ハッスルでは日常的に多人数での会議をおこなっていたが、最終決断を下すのはプロデューサーの山口日昇さんだった。展開の大筋を決めていたのも山口さんだ。エンターテインメントを多数決的に制作してしまうと、面白いものは絶対にできない。可もなく不可もない、角がとれた無難なアイデアに落ち着いてしまうのだ。

誰か一人、突拍子もない発想をする変人でありながらも社会生活はわりとマトモに送れている、そんな人が最終決定権を持ち、大筋を決める組織が望ましい。

そんな、ビンスが決定権を持つＷＷＥとも似た構造がハッスルにもあった。山口さんが決めた大筋の展開に、まわりの僕らが多種多様なアイデアで肉づけしていく。そんな感じでハッスルは制作されていた。

この構造で重要なのは、中心人物が優秀であること。頭脳明晰で、流行をよく知り、精神的にもフットワークが軽く……。

当時の山口さんはそれらすべてを兼ね備えていたと思う。さらに、山口さんの補佐官的ポジションだった安生さんが天才的アイデアマンだった。制作でのアイデアも、試合でのアイデアもすばらしかった。

安生さんなくして、ハッスルはあの高いレベルを維持できなかったはずだ。ひらめき力、論理的思考に統率力。これまで日本で数多くの裏方兼選手と接してきたが、安生さん以上に優秀な人を僕は見たことがない。

芸能人の参戦が決まると、ではどのような形で登場させて、どんなことをしてもらおうか、と考えるのだが、そういうときも安生さんのアイデアが断トツだった。

僕は芸能界に興味がなくテレビもほとんど見ないので、そういう局面では一歩引いて会議を傍観するか、ときおりは何か提案していたが、結構ヘンなことを口にしてしまっていたと思う。

僕はハッスルにおける芸能人セクションにはそれほど興味がなく、「こういう部分を、もっとブラッシュアップできたらいいのになあ」というようなことを考えたりしていたのだが、これについてはのちほど述べる。

ハッスルはなぜあれほどファンに憎まれたのだろうか

ハッスルの大きな特徴は、芸能人をプロレスのリングに上げたことだ。これにより、ワイドショーが取材にきて、芸能メディアが取り上げてくれたので、ハッスルの世間における認知度は決定的なものとなる。一方で、プロレスファンやプロレスマスコミからは大バッシングを受け続けることとなるのだが……。

ここで一つ、ハッスルはなぜプロレスファンやマスコミからあれほどまでに毛嫌いされていたのかについて考えてみたい。

一つはきっと芸能人をリングに上げたことがその理由なのだが、それだけとは思えないほどに嫌われていたので、僕なりに分析してみたい。

まず一つは単純に（これを書くと、またもやひどく嫌われてしまいそうだが）、成功している者に対する嫉妬ではなかっただろうか。

ハッスルに所属していた僕としては非常に書きにくいのだが、冷静に当時を振り返ってみれば日本のプロレス界は壊滅的に酷い状況で、なのにハッスルだけは地上波への露出もやたらと多く、スポンサーもつき、お客さんもたくさん入っていた。他団体の選手・関係者やそれぞれのファン、そしてプロレスマスコミにしたら面白くなく、純粋に嫉妬されていたのではないかと思うのだ。

そして、問題はそこから先だ。ハッスルは先に書いたとおり芸能人をリングに上げる手法が話題となり、地上波にも取り上げられていた。きっと、プロレスファンは嫌だったのだ。芸能人をリングに上げること自体が、ではなくて、「芸能人の知名度」という世間一般の価値観を、自分たちの楽園であるプロレスのリングに持ち込まれることが。

しかもハッスルではつねに、プロレスラーではなく芸能人が話題の中心だった。これは、ファンが大切にしてきたプロレス界の価値基準が崩壊しかねない大事件だったと思う。

当時、芸能人をリングに上げるプロレスの大会は他団体でもあったが、そこではあくまでプロレスラーが主役（芸能人は花を添える役回り）であったことから、ファンにもマスコミにもすんなりと受け入れられていた。この事実は、ハッスルにおいては芸能人の扱いが革命的なものだったことと、それゆえにプロレスファンに嫌われてしまったことを、裏側から証明しているのではないかと思う。

さらに、もう一つ付け加えるべき要素がある。

ハッスルは既存のプロレスの在り方を否定するスタンスをアピールしつつも、先に書いたように発想の土台にあるものは、結局プロレスだったということ。きっと辛辣《しんらつ》なプロレスファンの目には、このように映っていたのではあるまいか。「超プロレスを気どっている、気持ちの悪いプロレスサークル」と。

芸能人が「本気になったとき」のヤバさを僕は知らなかった

そんなハッスルだったが、試合をするためリングに上がった芸能人はじつはそれほど多くはない。ほとんどが試合前の盛り上げ要員として、アトラクション的にリングへ上がっただけであり、実際にプロレスの試合をした芸能人は、レイザーラモンＨＧとＲＧ、インリン様、クロマティ、江頭２：50、カイヤ、泰葉……。

僕が関わったのはこれくらいだが、彼らと接したことがない人には決してわからないと思う。テレビで見かける芸能人が、すべてをかなぐり捨て本気になったときのヤバさを。自分のキャラクターへ、憑かれたように入り込んでしまうその狂気を。

そもそも彼らは、表現者としてモノが違う。芸能界でのし上がってきた人たちにはケタ違いの存在感があるのだ。そして彼らはふだんから「仕事のためなら我が身が滅ぼうとも」という覚悟を持って生きている。

たとえば、こんなことがあった。ある試合を終えたインリン様（インリン・オブ・ジョイトイが演じていたハッスルのキャラ）が「じつはアバラ骨にヒビが入ったまま試合をしていた」と言うのだ。もちろん、その試合のために一日数時間のプロレス練習もずっとこなしてきていたのだが、そのときもすでにヒビが入っていたのだという。

しかし、おそらく周囲に迷惑をかけたくなかったのであろう。彼女はそのことを試合が終わるまでは決して口にしなかった。自分の仕事に対する覚悟が違うのだ。

ハッスルのリングに上がった芸能人の物語については、僕が語れば語るほど逆効果になってしまいそうだからこれ以上は記さないが、もしハッスルが舞台裏をカメラに収めて、ドキュメンタリーとして放送していれば、プロレスファンの印象も相当違っていたのではないかと思う。

そして一応断っておくが、ハッスルとしても彼らを「プロレスラーとしてリングに上げた」わけでは全然ない。彼らはどこまでいっても芸能人であり、絶対にプロレスラーではない。

その線引きはハッスル内でもはっきりしていたのだが、前述のとおりハッスルの立ち位置自体があいまいだったのは間違いない。

テレビや舞台やコンサートで、プロレスラーの比ではないほど多くの人に「見られる」訓練を積んできている芸能人を、「新しいプロレス」ではなく「プロレスをもとにした新しいエンターテインメント」を創ろうと考えているハッスルがスカウトし、リングに上げたことは必然だった。なのに結局、プロレスから完全離陸できなかったところに問題があったと僕は思っている。

誰もが好きでやっていた独自キャラクター

ハッスルでは、既存の（すでにキャラクターを確立している）プロレスラーを独自の新たなキャラクターに創り直し、ハッスル独自のストーリーに乗せて攻防を展開するという手法をとっていた。

独自キャラの代表格が川田利明さんで、全日本プロレス時代は寡黙なキャラを貫いていたのだが、実際は気難しくも面白い人だった。それまで出していなかった素の面白い部分を全開にしたキャラは、川田さん自身もノリノリだった。

ハッスルを語るうえでこれまた重要なのが、「誰もが好きでやっていた」ということ。少なくとも、所属選手に関してはそうだった。

ハッスル独自のキャラを演じる。ストーリーに乗る。それを好きでやっていたばかりではなく、「オレたちはいま新しい何かを創り上げている」という嬉々とした連帯意識もあった。

「既存のプロレスファンなんか相手にしない。オレたちは独自に新たな世界を開拓するんだ」

簡単に言えば、そういう気分だったのだ。

しかし、それは裏を返せば、僕たちの意識がつねにプロレスのほうを向いていたということであり、ハッスルはプロレスから少しも離陸できていなかったのだ。

それでも、お客さんはつねにたくさん入っていた。プロレスファンからのバッシングをよそに、ハッスルはどこの会場も満員にしていた。後楽園ホールはもとより、さいたまスーパーアリーナや横浜アリーナも満員にしていたのだ。

もちろん、招待券も出してはいた。しかしそれは末期的な状態にある団体がファンにまで配る招待券とは違い、ハッスルに関係する多くの企業に配られていたものだ。ハッスルにはじつに多くの企業・団体の人たちが関わっていた。それは、ハッスルに関われればメリットがあるということの証《あかし》であり、当時のハッスルの勢いの証でもあったと思う。

ブームというものは世の中においていつも一瞬である。ハッスルはもしかするとすでにブームを超え、安定期に入ったのだろうか。そんな気になっていた時期もあった。

僕が教えたハッスル練習生たち

ハッスルは新人の育成にも力を入れていた。僕が新人を教えるようになったのもハッスルからだ。あと数年、ハッスルが続いていたら、彼らハッスル練習生がリングの中心人物になっていただろう。

僕の日本での最初の弟子は、新日本プロレスを経て現在はＷＷＥへ移籍し、ＮＸＴで活躍中のＫＵＳＨＩＤＡである。

僕がＷＷＥから日本に戻ってきてハッスルに所属したとき、ＫＵＳＨＩＤＡが練習生として入団してきた。はじめて会ったときの印象は、「この子はプロレス以外の場所でも、うまくいくだろうな」というもの。人間的にもしっかりしていて、もともと髙田道場で総合格闘技を学んでいたのでレスラーとしての下地もバッチリ。そして、生まれ持ったプロレスセンスもズバ抜けていた。

新人時代、初期の段階でその選手の素質を推し量るにはキックミットへドロップキックをさせてみるといい。才能のある選手は蹴った瞬間にミットを「蹴り押す」、蹴った反動で体をそり返し腹部から綺麗に着地することができるのだ（もっともこれは初期段階での素質の見分け方に過ぎず、そこからさらにさまざまな才能が必要とされるのがプロレスの奥深いところだが）。

ＫＵＳＨＩＤＡは最初からドロップキックが抜群に美しく、どんな技術を教えてもすぐさま、僕以上に上手にできていた。

そして、つねに物事を深く考える習慣を持っていて、読書家でもあった。潜在能力活用の本なんかも早い時期から読んでいたようで、彼がこれまで段階的に所属団体をステップアップしてこれたのも、そうしたプロレス以外の知識が豊富で、物事を考え抜く習慣があったからではないかと思う。

次に、女子プロレスラーの朱里。彼女もハッスルの練習生だった。

もともとグラビアアイドルのようなことをやっていて、ハッスルの芸能人枠オーディションに応募してきた。誰もが派手な顔立ちの女の子ばかりを推す中、当時の「朱里ちゃん」は地味というかフツーの女の子。

それでも僕は「この子は絶対プロレスファンにウケる」と確信し、周囲の反対を「僕が責任持ちますから」と押し切って合格にしてもらった。

その後、本人が「リングで戦ってみたいです」と言いはじめたので、そのままプロレス部門の練習生にした。プロレスの才能という面では、正直、複雑な動きはあまり得意ではない。しかし、ド直球なことは着実に身につけていく。

頭で理解するのではなく、反復の中から体に染み込ませ、それを絶対的なレベルにまで昇華させる努力家アスリートタイプだ。プロレスと同時進行で始めたキックボクシングでは女子の日本チャンピオンになり、その後、世界一の格闘技団体UFCの契約選手にもなった。

彼女は日本人とフィリピン人のハーフである。そして、女の子の自分の中にカッコ良い男の色気も同居させている。「宝石とナイフ」とでも表現したくなるような、対極にある二つの魅力を最適なバランスで自分の中に同居させているのだ。

そして彼女の最大の武器は、そんな自分の特殊な魅力をしっかり認識していて、そのアピール方法をよく心得ていることだと思う。それは入場シーンに特に顕著に表れている。彼女の入場シーンは、日本の男子も含めた全プロレスラーの中でも確実にベスト三に入るカッコ良さだと僕は思う。

黒潮〝イケメン〟二郎のことは、もともと僕の兄貴と彼の親父が知り合いだった関係で、六歳のころから知っている。

ガキのころのイケメンはキッズモデルになれそうなほどかわいかった。そのころからプロレスラーを目指していて、タンスの上から宙返りして立つほどの運動神経を誇っていた。

その後、中学二年生のときに彼の親父に「なんとか入れてやってくれよ」と頼まれて、僕が身元引受人のようなかたちで無理矢理ハッスルの通い練習生にしてもらった。そして、気がつくと行方をくらませていた。

次に僕の前に現れたのはＳＭＡＳＨ時代。すでに一八歳になっていた。背も現在の身長にまで伸びており、運動神経もあいかわらず良かったので半年ほどでデビューさせた。

イケメンは、あまり「自分が自分が」とガツガツするタイプではない。それよりも自分の身のまわりの物事を客観的に見て、それをより面白くするにはどうすればいいかを考える好奇心のようなものが強いタイプだ。現在のイケメンのキャラクターも、きっと本人が「こんなヤツがいたら、プロレスはもっと面白くなるな」と考え、進化させていったものではないだろうか。

現ＷＲＥＳＴＬＥ－１の児玉裕輔。彼もハッスルに練習生として入団してきたが、プロレス的なセンスではこれまで教えてきた中でもっとも才能があると僕は断言する。ボディバランスがずば抜けており、超人的に動きもいい。

入団前に、当時は最先端のＳＮＳだったｍｉｘｉで「僕はいつかＴＡＪＩＲＩさんのようなレスラーになります。そしていつか、あなたを超えてみせます」というメッセージを送ってきたことがある。

じつを言うと僕はまったく覚えていなかったのだが、入門後かなり経って、本人の口から聞かされ思い出した。

児玉も入門早々からKUSHIDAと同じく美しいドロップキックができた。しかし、惜しむらくは人間としての雰囲気がヤボったいというか……、正直、プロレス以外のことに関してかなりのナマクラで、そのあたりがKUSHIDAのようにキチッとできていれば、アメリカのメジャーに到達しても少しもおかしくはない才能の持ち主である。だから、じつにもったいない。

ちなみに、ハッスル崩壊後、僕はSMASHでもトレーニングキャンプを主宰して、新人の発掘と育成に力を入れた。

その中から、児玉と同じくWRESTLE－1に所属している土肥孝司、大日本プロレスでデスマッチのチャンピオンにもなった高橋匡哉、女子では真琴（他の女子プロ団体から移籍してきて、数年間きっちり教えた）などが育っていった。

小池一夫先生の劇画村塾でキャラクター論を学ぶ

ハッスルの制作に携わったことで、自分のアイデアが現実化し、たくさんの観客の前で披露されるという経験をすることができた。

それは最初こそ刺激に満ちていたが、人間、どんなことにも慣れてきてしまうもので、そのうち物足りなさを感じてきた。

ＷＷＥのサイコロジーのように体系化された創作の方法論が、どこかに存在するのではないか。自分はそれを知らずに制作へ携わっているのではないか。そんなことを考えるようになっていたのだ。

そんなある日、某漫画雑誌のインタビューを受けた。取材してくれた編集者さんは漫画原作も書いており、超ヒット作の原作者としても活躍しているとのことだった。

取材を終えたのち、編集者さんがこんなことを言いはじめた。

「いままでＴＡＪＩＲＩさんが書いたものを読んできて、この人は漫画原作も書けるんじゃないかと思っていました。もしも興味があったら一度やってみませんか」

その日から、編集者さんと親密な関係になっていく。小まめに会って酒を飲みながら、漫画原作のイロハを教えていただいたのだ。そこには、作品を創るうえで欠かせない体系化された考え方というものがやはり存在していた。いままで知らなかったことばかりだ。

そして、教えていただいた考え方を自分なりに噛み砕き、あるツテから知り合った漫画家さんとのコンビで一作仕上げ、いまは廃刊となってしまった『週刊漫画サンデー』という雑誌へ持ち込んだところ、「これは風変わりで面白い作品ですね」と一発で採用されたのだ。

刷り上がった雑誌が送られてきて、自分が創造した世界が紙面で躍動しているのを見た僕はすっかり感動してしまい、

「漫画原作を本格的にやってみよう」

そう決意し、『子連れ狼』などを生んだ漫画原作者の小池一夫先生が主宰する劇画《げきが》村塾《そんじゅく》へ通い始めたのである。

劇画村塾は漫画家と漫画原作者を養成する学校で、『うる星やつら』を描いた高橋留美子さんや『北斗の拳』の作画をされた原哲夫さん、『グラップラー刃牙《バキ》』の板垣恵

介さんなど数多くの漫画家や原作者を輩出している。

授業は隔週の土曜日、六本木の森ビルでおこなわれた。受講期間は半年間。小池先生が直々に教壇に立たれ、時にはＯＢの漫画家や原作者のお話も拝聴させていただいた。

小池先生の教えは「漫画はキャラクターがすべてだ」というもの。ビンスの唱える「プロレスはキャラクター産業だ」という言葉と同じである（この小池先生の教えを僕がその後どう活かしたかは次章で述べる）。

僕は劇画村塾で体系化されたキャラクター理論を学ぶことにより、ビンスの言葉がはじめて具体的に理解できたと感じた。しかし、それはあくまで「頭の中では」である。人間という「ナマモノ」を相手にするには数知れぬ実践を経なければいけない。

僕はキャラクター理論を自分の全細胞へ染み込ませるべく、プロレスの仕事と並行して漫画原作も書き続けた。一年ほどの間に短期連載や読み切りも何本か書いた。ハッスルの制作会議にも、つねにキャラクター理論を念頭に置いて臨むようになった。

そうしていくうちに、ハッスルとは少し異なる方向性のものを制作してみたいという欲求が湧いてくるようになった（それはのちにＳＭＡＳＨという僕が全面プロデュースする組織において具現化することとなる)。

こうして僕の中で、「プロレスはキャラクター産業だ」というビンスの言葉が絶対不動のプロレス理論としてより強固に定着していったのである。

後楽園ホールで「死臭がした」という髙田総統のアンテナ

ハッスルが生んだ最大のスターにして最高のキャラクターといえば、髙田延彦さん演じる「髙田総統」である。

髙田さん(以下、「総統」と記す)の存在感は大きかった。ハッスル時代は近い距離で接することができたが、一緒にいるとこちらの自尊心も高められるような、圧倒的な人間的魅力があった。ハッスルの誰にとっても、総統はそんな存在だったと思う。

ハッスルは何かあると「これはもう酒だ。酒しかない!」という組織だったので、総統を中心に山口さんと安生さんがその脇を固め、川田さんに坂田(亘)さん、映像作家に演出家、時には坂田さんの婚約者(当時)だった小池栄子さんやレイザーラモンHGにRGなどの芸能人も同席して、月に何度も酒、酒、酒、ということになった。

当時は一介の若手にすぎなかったＫＵＳＨＩＤＡなども同席していたが、若手でも思ったことを好きなように言える自由な空気がハッスルにはあった。総統は誰とでも平等にフランクに接していた。包容力と統率力を兼ね備えた、文字どおり「総統」というべき存在だったのだ。

総統は酒好きではあるもののそれほど強いほうではなく、酔っぱらうと結構早くにロレツがまわらなくなる。にもかかわらず、酔うほどに饒舌にもなる人だった。ベロンベロンに酔っぱらい、安生さんに担がれて自宅まで帰るなんていうこともしばしばあった。そういう飾らないところがカッコ良くもあったし、またカワイらしくもある人だった。そして、自慢話は絶対にしなかった。

そんな総統は、酔っ払うと坂本龍馬のこんな言葉をよく口にしていた。

「世の人は　我をなんとも言わば言え　我がなすことは我のみぞ知る」

この言葉は、プロレスファンから異端視されていた僕たちハッスルの人間に大いなる勇気を与えたと思う。なにしろ世間的な知名度も抜群の総統が口にするのだから。こうして僕たちは、さらに総統に心酔していったのだった。

強い言葉には、キャラクターをよりビルドアップしていく魔力がある。本人にそんな意識は絶対なかったと思うのだが、総統はこの言葉を頻繁に口にすることで、「組織の中心人物」という総統キャラクターを舞台裏でもより強固にしていたと思う。ハッスルに参戦してきた芸能人について「ケタ違い」「モノが違う」と先に書いたが、それは総統も同様だった。

ある日のハッスル後楽園ホール大会を終えたのち。いつものように酒宴が開かれた。そこで「なんだか総統のテンションがいつもと違うな」と思っていたら、いきなりこんな言葉を口にしたのだ。

「今日の後楽園ホールは死臭がした」

僕には、総統の言葉の真意がはかりかねた。おそらくその場にいた誰もが、少しもわからなかったのではあるまいか。実際、そういう反応だった。

それでも、「総統ほどの人が、そのように感じたのであれば……」と、不吉な予感がしたのを僕は鮮明に覚えている。そして、のちに僕は「総統の感受性はすさまじく鋭かったんだな」と思い知ることとなる。これが、ハッスルが急速に斜陽化していく直前の出来事だったのだ。

「大人になれない大人」たちによる青春の宴、その終焉

総統の不吉な言葉からしばらくして、ハッスルに激震が走った。母体であった潤沢な資金を持つＤＳＥ（ＰＲＩＤＥを主催していたドリームステージエンターテインメント）が諸事情により撤退し、ハッスルは独自収益のみによる運営を余儀なくされたのだ。

これは、かなり苦しかった。豪華な舞台装置やギャラの高い芸能人の出演などによりショーアップされたハッスルを続けていくにはお金がかかる。全員で集まり今後のことを話し合った。

そしてそのとき総統が、

「山ちゃん（山口さん）が新たな社長としてやっていくならオレもやる！　みんな、それでどうだ？」

という流れになったのだ。

誰にも異論はなかった。総統と山口さんが力を合わせればなんとかなる。そんな気がした。総統に関しては言うに及ばず、当時の山口さんにも「この人ならば金銭問題

なんか妖怪的魔力でなんとかしてしまうのでは?」と思わせる何かがあった。

みな口々に「山口さん、お願いします!」と頼んだ。こうしてハッスルは新体制で走り続けることとなったのだ。

しかし、現実は厳しかった。ハッスルの思想的リーダーである山口新社長は金策に奔走することが多くなり、制作会議に出られなくなってしまったのだ。

そうなると、大黒柱を失い方向性がフラフラしてくる。さらに貧すれば鈍するで制作会議でのアイデアにも勢いがなくなり、「お金がかからない企画」ばかりが議題に上がるようになる。

当然、客入りもじわじわと減っていった。失速し始めると歯止めがきかなくなるのは、ブームを起こしたものの宿命でもある。こうなると転落はあっという間で、そのうちギャラの支払いが遅れだし、未払い状態が当たり前となっていった。

当初こそ毎月の後楽園ホール大会は続いていたが、そのうち大会も開かれなくなり、会社の誰がどこで何をしているのかサッパリわからない状態になった。ギャラの支払いは半年間ほど途絶えた。

ある日、奥さんが「いい加減にちゃんとしてもらえないか」と言うので山口さんに電話したところ、しばらく電話にも出てくれなかった山口さんが、なぜかそのときは出てくれた。

「山口さん？　すみません！　少しでもいいのでお金をいただくわけにはいかないでしょうか」

「……ああ、迷惑をかけて本当に申し訳ない。今日、少しでもかならず振り込むからさ」

夕方、ダメもとという気持ちで銀行へ行って通帳記帳してみると、なんといきなり一〇〇万円が振り込まれていた。

山口さんはそういう人だった。たまたまそのとき一〇〇万円が手元にあって、そのお金を後先考えず振り込んでくれたのではなかろうか。

僕はこのエピソードを「美談」として紹介しているわけではない。そうではなくて、山口さんはお金に関してそういう感じの人だったのだ。お金に関してだけではなく、もしかすると世の中のあらゆることについて、特になんとも思っていなかったフシすらある。

ハッスルの中心にいたのは、そんなタイプの人間ばかりだった。というより全員、頭がイカれていた。

近年、日本のプロレス界に増えた「僕ってヘンでしょ?　イカれてるでしょ?」的な、狂気のカケラも感じられないニセモノではなく、本当に狂っていた。

あれほどひどい状態でも、誰かがお金のことでケンカした、なんていう話はついぞ聞かなかった。僕自身も、未払い額は優に八〇〇万円を超えていたはずだが、どうして山口さんを責められよう。あのとき頼んだのはこっちなのだ。

「山口さん、お願いします!」と。

結局、ハッスルは嵐のような一過性のブームを巻き起こした末に、あっけなく消滅した。しかしみんなで「新しいエンターテインメントを創ろう!」とともに頑張ったあの時代、僕たちは心の底から楽しかった。

いまにして思う。ハッスルに携わった選手・関係者は、結局みんなプロレスが大好きだったのだ。当時、新日本プロレスでさえ「レッスルランド」というハッスル的なショーを試行錯誤的に試みたりしていた。誰もが、凋落しきったプロレス人気を盛り返そうと一生懸命だったのだ。

ハッスルは、そんな時代にたまたま集ったプロレス界の「新左翼集団」だったのだと思う。大の大人が連帯し、学生運動のような精神構造でプロレス界に戦いを挑んだ数年間。それは、僕たちにとって遅れてきた青春だった。ハッスルは真の「大人になれない大人たち」による青春のプロレス学生運動だったと、僕は思うのだ。

こうしてハッスルが消滅し、人生の岐路に立たされた僕は、それまで学んだキャラクター理論にもとづく独自のプロレス世界を創生しようと、壮大な実験を始めることになった。

ＳＭＡＳＨである。

第6章 人間は何者かにならなければならない ——SMASHの挑戦

梶原一騎作品の読後感をプロレスに持ち込みたい

ハッスル崩壊後、僕はＳＭＡＳＨという団体を立ち上げることになった。

ハッスル末期に経営再建のため参入してきた酒井正和さんという経営コンサルタントが「資金は出すからＴＡＪＩＲＩさんのやりたいような団体を創ってくれ」と打診してきてくれたので、プロデューサー兼レスラーとして、そのお誘いを受けることにしたのだ。

ちなみにＳＭＡＳＨという団体名は僕のアイデアではなく、いつの間にか酒井さんが決めてしまっていた。ある日いきなりロゴを見せられビックリしたものだ。

それでもいまにして思うと、代表である酒井さんとプロデューサーである僕の相性は、プロレス業界の中ではかなり良かったほうだと思う。

僕がこの団体のプロデュースを引き受けた最大の理由は、劇画村塾で学んだキャラクター理論をプロレスに転用したらどのようなものができあがるか、実践してみようと思ったことだった。

僕はハッスルに在籍していたころから、深刻なテーマを扱ったドキュメンタリー番組を見終えたときのような余韻に浸《ひた》れるプロレスを創ってみたいと思っていた。あるいは、僕が神様と崇める梶原一騎先生の作品を読み終えたときの名状しがたい感覚を呼び起こすプロレス、人生についていろいろ深く考えさせられてしまうプロレスとでもいおうか。

僕がＳＭＡＳＨを通してもっとも訴えたかったテーマの一つは、

「人間は何者かにならないといけない」

というもの。

いまはＳＮＳが普及し誰もが気軽に自分の意見を発信できてしまうが、ほんの少し前まで、世の中で自分の意見に耳を傾けてもらうためには「何者かになる」以外に方法がなかった。そして、だからこそ何者かになろうと人々は必死に人生をもがいていたし、世の中には、もっとエネルギーが満ちていたと思うのだ。

何者でもない人には「私なんて、とてもとても……」という慎ましさがあった。世の中は本来そうであるべきだと僕は思っている。

しかし、僕のこういう考え方が、「うるせー。余計なお世話だ!」「何を偉そうに」と世の中の大半の人から反発を食らうであろうこともわかっていた。ただ僕は自分の思想に反して団体をプロデュースする気はなかったし、世の中のすべての人を納得させるつもりもなかった。そもそも、そんなプロレス団体など絶対にできっこない。

だから僕は、どれほど存在するのかわからないが自分の思想に賛同してくれる人たちをターゲットとして、新しい団体を立ち上げることにしたのだ。価値観が異なる人たちには激しく批判されるかもしれないが、彼らの批判によって逆に僕らの存在感が際立つはず……。

SMASHはそんな心づもりで始めた団体だった。

「唯一無二の世界観」を確立したい

SMASHの創設メンバーは、当時まだほぼ無名だった若手と僕のたった五人のみ。しかし弱小メンバーだからこそ「何者かになっていく過程」を見せられるというものので、僕のやりたかったことに最適なメンバーが揃っていたと思う。

こんな弱小メンバーでは、他のプロレス団体のように「団体の頂点のベルトを目指して、各選手が鎬《しのぎ》を削っていく」という手法はとれない。それをやったところで誰からも見向きもされなかったであろう。

とるべき手法はただ一つ、SMASHのリング以外では見ることのできない「唯一無二の世界観」を確立させることだ。

僕はまず、当時単身海外修行中だったKUSHIDAを口説き落とすためカナダへと飛んだ。ハッスル崩壊からの流れで創設メンバーに大原はじめがいたのだが、彼一人で物語は創れない。キャラクターが動きだすためには対となる対照的なもう一人のキャラクターが必要だ。

KUSHIDAと大原はハッスル時代の因縁もあったし、良い意味で自分本位なところのあるKUSHIDAと、つねに周囲への気配りから物事を考え始める大原は性格的にも真逆。同世代で体格的にも近い。好対照のライバルとしてもってこいだった。

そして、唯一の女子選手である朱里の対キャラとして、華名（現WWEのASUKA）がうまいことハマってくれた。

彼女はその異端の才能ゆえに当時の日本の女子プロレス界では自分を活かしきれて

いなかった。やはり異端の匂いを嗅ぎとったのだろうか、ＳＭＡＳＨに「シンパシーを感じて」（この言い方、華名風）、みずから売り込みをかけてきたのだ。

未知の外国人選手による「神話の世界」を創りたい

僕は団体独自の世界観として、プロレス界のどこにもない「神話の世界」を創りたいと思った。神話の世界には国境がない。民族独自のアイテムが登場してくることはよくあるが、基本理念自体は世界共通。魅力的な神々には誰もが憧憬を抱くものだ。

そういうことを考えていると引き寄せの法則が作動したのか、旗揚げ二か月前に北欧フィンランドのあるレスラーから連絡がきたのだ。

そのレスラーの名は、スターバックという。はじめて聞く名前だった。フィンランドでＦＣＦ（ファイト・クラブ・フィンランド）という団体を主宰しているのだが、「ＴＡＪＩＲＩとシングルで戦いたい」という。

当時の日本で、フィンランドに独自のプロレス団体が存在していることを知っている人はごくわずかで、僕自身も知らなかった。

人間が興味を抱く最高のキーワードは「未知」と「謎」である。これはイケるかもしれない。フィンランド……。北欧神話の神々が呼んでいるような気がした。

実際フィンランドで見たFCFは、神話のようなキャラクターの宝庫だったのだ。グラマラスな美貌のオカマ、斧を持った人食い人種、髪ボサボサの原始人、色白で無表情な死神、美男子の巨人……。

そして、彼らの総帥であるスターバックス自身がイエス・キリストのようなカリスマの持ち主だった。

こうして団体の全体的なイメージが浮かんだ。若い選手が何者かになってゆく過程を芯に据えながら、神話のような世界がその成長物語を覆い尽くす、そんなプロレスを創るのだと。

若い選手たちが「ガチな望み」をかなえていく過程を見せたい

次に必要なのは、若い選手たちにどのようなキャラクターをつけていくかの作業だった。

プロレスラーという人種は基本的に我が強い。他人からの提案は容易に受けつけない面がある。なので、僕は本人が何を望んでいるのかを徹底的にインタビューすることから始めた。

……と書くと大袈裟だが、簡単に言えば一緒に酒を飲んだりお茶をしながら、アレコレと本人の深い話を聞く作業をしたのである。

以前に書いたが、本人の資質に合っていないキャラクターはうまくいかない。なので各選手に話を聞き、本音を引き出し、それに即したキャラ確立のための手助けをしていく。

一応断っておくが、僕はＳＭＡＳＨでは各レスラーにハッスルのときのようなバラエティ路線のキャラクターをつけるつもりはなかった。

キャラクターといっても、最初はそのレスラーが「何を望んでいるのか」、それをはっきり打ち出すだけでもいいのだ。その望みをかなえようと行動していく過程で、そのレスラーには自然にキャラクターが生まれ、物語が形成されていく。

たとえばその過程で望みを妨げる敵キャラが出現してくれれば、それをどのような思想のもと、どのような手段で克服していくか……。それがキャラクターを育て、物語を紡いでいくのだ。これは、劇画村塾で学んだことである。

ドキュメンタリー番組を見たときのような余韻が残るプロレスを創りたい僕にしてみると、まずは彼らが「ガチで」(便利だからこの言葉あえて使うよ) 何を望んでいるのかを聞き出せれば、出発点としては十分であった。

SMASHでは、若い選手たちがガチな望みをかなえていく過程を見せていこうと思っていたのだ。

ちなみに僕はこのとき以来、いまでも若い選手には「プロレスの世界で最終的に何がしたいの?」と誰彼かまわず聞いてしまう。その答えから、その選手の未来への道筋がアレコレと浮かんできて楽しくなってしまうのだ。

三か月がかりで「北欧の絶対神」を演出した

さて、次に僕に課せられたのは、FCFの彼らをどのように露出させ、神話の世界を創造していくかというテーマだ。

僕はさまざまな策を施した。たとえば、スターバックを「北欧の絶対神」として印象づけるため、彼の来日までにあえて三か月の準備期間をもうけた。

最初は映像によるお披露目。その映像も英語ではなく、日本人にはなじみのないフィンランド語で統一したものを制作して送ってもらった。より「未知」なる雰囲気を醸《かも》し出すためである。

撮影条件も細かに指示させてもらった。背景を真っ暗にしてもらったり、荒れ果てた廃屋で撮ってもらったり。とにかく映像により「非現実的な世界の住人」という雰囲気を出したかった。映像にかぶせるBGMはこちらでチョイスし、荘厳で宗教的な曲をあえて選んだ。

そして、その三か月の間に「配下の選手たち」を順に来日させた。彼らのプロレススキルが高いことはいうまでもない。そんな彼らのボスとなると、いったいどれほどの強豪なのだろう……。と、そういうプロデュース手法である。

このやり方も、劇画村塾で学んだものである。

僕の目論みは当たった。ＫＵＳＨＩＤＡと大原、朱里と華名を軸に、ＦＣＦが未知の神話感を醸し出すＳＭＡＳＨはファンの注目を集め、五〇〇人ほど収容できる毎月の新宿ＦＡＣＥ大会は確実に超満員。旗揚げ数か月後に酒井代表からの「昼夜連続で新宿FACEをソールドアウトにできたら、JCBホール大会を開催しよう」との提案も難なくクリア。

若手弱小メンバーと無名外国人だけで、旗揚げ半年後にはキャパ三〇〇〇人のJCBホールもソールドアウトにしてしまったのだ。

切ない余韻を残すためのエンディング映像

SMASHでは、毎回の大会で次回大会のチケットを販売していたが、平均して一〇〇枚以上はかならず売れていた。これにも劇画村塾で学んだ秘訣がある。

各大会でかならず次回大会への「引き」と、終了時の「余韻」を作るのである。プロレスの大会は会場にきてくれたファンをその場で満足させて終わりではない。それでは単発で終わってしまう。

すべてが完結してしまったら、よっぽど好きな人でない限り次はきてくれない。それではパイが広がらないので、次の大会の内容が気になってしかたがなくなる「引き」を作るのである。

いや、いったん満腹にさせた中枢を「引き」や「余韻」によって再びハングリーにさせるという言い方が的確だろうか。

マッチメイクだけでチケットが売れてしまう団体ならば、次期挑戦者決定戦やトーナメントなどでも次回への引きになるだろうが、SMASHは無名レスラーの集まりなので、それだけではチケットが売れない。だから、ストーリーでの「引き」を作る。アイデアを練りに練って数々の引きを作っていたが、この作業は本当に頭を使った。

そして、余韻。

劇画村塾の小池一夫先生はこう言っていた。

「すべてを説明しきった漫画はつまらない。言い残したことを作品の中に含ませる。すべてをクリアに書くのは野暮である。あえて説明しなかったことによる余韻や予感。それが、次回作品への期待を膨らませるのだ」

小池先生は授業中に、この余韻を「最後に遊びを入れて、安心感を与える」という言い方でも説明されていた。

その言葉を聞いて、僕はあることに思いいたった。

いまの日本のプロレスにおいては、大会の最後はメインを飾ったレスラーがマイクで締めるのが常識のようになっている。

しかし、かつてはメインの試合が終わるとレスラーはそそくさと控え室へ戻ってしまい、リングアナウンサーによる「本日はご来場いただきまして誠にありがとうございました。お帰りの際はお忘れ物のないよう、くれぐれもお気をつけてお帰りください！」とアナウンスが流れて、それで終わりだった。

そしてファンは、そのアナウンスが終わった瞬間、いきなり現実世界に戻ってきてしまったような感覚に陥っていた。そのときの何とも言えない感覚、昔からプロレスを観ている人にはきっとわかると思うのだ。

昔のプロレスのような終わり方はできないにしても、

「あの夢の世界から現実に引き戻されてしまうような、微妙に切ない感覚を再現できないだろうか」

考え抜いた結果、エンディング映像を流すことにした。

ＳＭＡＳＨでは、大会用のプロモ映像を作り込んでいたが、会見やイベント、練習風景、さらには、ふだんのオフィスでの事務仕事中などの様子も、カメラマンに頼んで撮影してもらっていた。さまざまな場所でレスラーたちの「素」の部分を撮影した動画や写真が膨大にあったのである。

実際に使うのはほんの一部で、ほとんどが使わないで終わる。しかし、僕はつねに素材はできる限り集めておきたかった。カメラマンも優秀な方だったので、そういう僕の意図を察して、最初から自主的にそうしてくれていた。

僕は大会の終わりに、その「素材」を流すことにした。その大会で流れたオフィシャルな会見映像やプロモ映像が撮られる裏側で、選手たちが見せていた「素の部分」を集めたエンディング映像である。

初期は「蛍の光」の英語バージョンで、中期以降はミシェル・トゥームス（Michelle Tumes）という歌手の「Domine」という曲をかぶせ、映像を流した。

ＳＭＡＳＨのファンは、このエンディング映像が終わりきる最後の瞬間まで誰一人として席を立たなかった。いままでリングの上で戦っていたファンタジー世界の住人が現実世界で生きる姿をまのあたりにして、「微妙に切ない感覚」に誰もが浸っていたと思うのだ。

お客さんはなぜチケットを買って観戦してくれるのか

毎月の定期戦を手狭になってきた新宿FACEから、後楽園ホールへ……。

そこで、世界観をもうワンランク拡げるため、このような作戦をとった。

「欧州に、北欧の神スターバックが苦手とする天敵がいるらしい」

そんな噂を流したのだ。人間はこの「〜らしい」という噂話に弱い。「〜らしい」の魔力は、物語を構築していくうえで、ここぞという転換期の強力な武器となる。これも、劇画村塾で学んだ。

そして実際、オーストリアには欧州全域にその名を轟かすマイケル・コバックというスターバックの天敵がいたのだ。彼の登場により、それまでの「SMASH vs フィンランド」という小さかった図式が「SMASH vs 欧州全域」にまで拡大できる。

ただ、その天敵を普通に登場させてしまってはツマらないので、天敵の正体をあえて明確にせず、まずは「天敵かもしれない」というガイジンを来日させるのである。

こうして謎をさらに深めていくことによりファンの興味も深まる。日本では無名のガイジンに付加価値をつけ商品にするため、SMASHはつねにこうした細かいアイデアを積み上げていた。アイデアのチリツモである。

チリツモといえば、キャラクターの細かいエピソードにも気を抜かなかった。というより、細かいエピソードのチリツモがキャラクターを形成していくのだ。たとえば、朱里を破り絶対無敵女子王者となった華名の前に、中川ともか（現・引退）という巧みな試合をする選手が現れた。

普通に考えたら華名のほうが強い。

しかし記者会見の際、中川ともかはコメントするかたわら、実際に得意とする「ハンカチを丸めてボールを作る特技」をさりげなく披露している。

そして「どんなに強い相手でも丸め込めば絶対に勝てます！」と言いきると同時に、手作業で綺麗に丸めたハンカチを記者に差し出すのだ。これにより彼女の「巧妙なレスラー」というイメージが試合を見せずともさらに深まる。むろん、これも劇画村塾で学んだ手法だ。

試合のないオフの期間の話題作りにはもっとも頭を使った。

どんなに試合内容や興行内容が良くとも、それはチケットを買って観戦してくれたファンが持ち帰る「結果」に過ぎない。オフの期間に提供する話題が面白いかどうか。それによりショーを観にいくためのチケットを買ってもらえるかどうかが決まる。ここで興味を引く何かがなければチケットは売れない。

カードを組むだけで勝手にチケットが売れてゆく大手団体なら、話題などなくてもいいのだろうが、若手と無名ガイジンだけのSMASHは話題作りが命だ。

華名には、彼女がふだんから口にしていた女子プロ業界への苦言を「明文化したら面白いんじゃないか」と提案し、箇条書きにしてもらい発表した。これが「華名のマニフェスト」である（最初は神話感を出すため「華名の死海文書」と命名しようか迷ったが、あまりにアニメチックなので止めた）。

「華名のマニフェスト」はプロレス専門誌の表紙を飾るまでなった。華名は本当にSMASHによく貢献してくれた。いまでも感謝に堪えない。

SMASHは映像にも力を入れていた。

縁あって一緒に仕事をしてくれることになった太田空《ひろし》さんという映像作家の感性が僕とピッタリで、頭に思い描いたイメージ以上の作品をつねに仕上げてくれるのだ。

それはまるで息の合った漫画原作者と漫画家の関係のようなもので、会場で流す映像はもちろん、オフの期間に流す宣伝ＶＴＲも綿密なプランのもとどんどん制作して流した。

ユーチューブのＳＭＡＳＨチャンネルに映像をアップすると、翌日にはプレイガイドのチケットがかならず動くのだ。撮影も、どんな遠くでもかならず一緒に行った。映像もストーリーも、二人で一緒に考えに考え抜いた。ＳＭＡＳＨでの二年間を振り返ると、一日のうちの半分は太田さんと一緒に過ごしていたような気がする。ハッスル時代も青春だったが、太田さんとともに創り上げたＳＭＡＳＨでの二年間は、もっともっと、それ以上の青春だった。

SMASHを人々の記憶の中で完結させたい

しかし、物語にはかならず最終回がある。

じつは僕と太田さんはＳＭＡＳＨを始めた当初から「最終回はどんなものにしようか」と、そればかりを話していたのだ。

僕たちは「商人」ではなく「創作家」タイプなので、ビジネスよりも創作が優先してしまう。だから、これは当然といえば当然だった。

ＳＭＡＳＨは毎月の後楽園ホール大会はかならず満員にしていたし、何度かおこなった地方大会もほぼ瞬殺で完売したりしていた。正直、存続させないのはもったいなさすぎる組織に育っていた。しかし、酒井代表と根本的な部分での意見の相違が生じたのを機に、僕は「もう潮時だな」と判断した。

そのころ、僕は最終回をこのようにイメージし始めていた

「好きだった女の子がどこか遠くの学校へ転校してしまい、ある日、忽然《こつぜん》と僕の前から姿を消してしまった」

そういう想い出は、永遠に記憶に残ると思うのだ。そういう物語として、そういうものとしてＳＭＡＳＨを人々の記憶の中で完結させたいと思ったのだ。

そうして僕はＳＭＡＳＨを終わらせた。最終回は、欧州全域を支配するデーブ・フィンレーという最強のラスボスに僕が敗れるという結末で、ＳＭＡＳＨは散った。

しかしＳＭＡＳＨでの二年間で、劇画村塾で学んだキャラクター理論がプロレスでも立派に通用することが証明できた。ビンスの「プロレスはキャラクター産業である」という言葉が、僕の中で不動のプロレス理論として定着した二年間だった。

ＳＭＡＳＨを畳んだのち、僕についてきてくれた若い選手たちを育てる場としてＷＮＣ（レスリング・ニュー・クラシック）という団体を立ち上げた。

しかし、おそらく僕自身がＳＭＡＳＨの二年間で、その時点での「やりたかったこと」をやり尽くし、表現し尽くしてしまっていたのだろう。ＷＮＣはＳＭＡＳＨほど盛り上がることもなかった。

そもそも僕はＷＮＣ発足と同時に、鍼灸《しんきゅう》学校へ通い始めている。ＳＭＡＳＨ末期あたりのころから、

「いつまでもプロレスしかできませんというのは、どうなんだろう」

という疑問を抱くようになっていたのだ。

そんなさなか、トルコに招かれ試合をした。その際、試合中に左腕を負傷してしまい、帰国後まったく動かなくなったのだ。医者にかかっても原因がよくわからないと言う。そこでたまたま知り合いの鍼灸師に相談し治療を受けたところ、一発でウソのように治ってしまった。

鍼灸の効果に感動してしまった僕は、ほぼ衝動的に鍼灸学校への入学を決めてしまう。月曜日から金曜日まで、山のような仕事を抱えながら三年間通うのだ。生半可な

覚悟で乗りきれないことは予想できていたが、

「ま、なんとかなるだろ」

と。しかし二足の草鞋《わらじ》はだんだんと自分の首を絞めてゆく。

とにかく寝る時間がない。朝六時には起きて電車に乗り、九時から授業を受け、午後に解放されてから夜中までプロデュース業務や営業、さらに指導や試合もこなし、終電で帰宅してからも学校の勉強に追われる日々。

難易度の高い中間テストや期末テストが毎学期あり、遅刻三回で欠席一日分に換算されてしまう。そのうえさらにＷＮＣのオーナーが所有するＲＥＩＮＡという女子プロレス団体のプロデュースも任されることになった。

そんな生活が二年間続き、いよいよ国家試験を受験する三年生になるころには、身も心も疲弊の極みに達していた。

それでもＷＮＣとＲＥＩＮＡをまわしていた二年間で、興行赤字を出したのは地方でおこなった二大会のみである。

無理に無理を重ねる日々。これはもはや一年間休学する以外にないのでは？　そんなことを考え始めるようになったある日、全日本プロレスから独立し旗揚げしてまだ日も浅いＷＲＥＳＴＬＥ－１の武藤敬司さんから連絡があった。

「団体として選手層が薄いから戦力補充したいんだよ。練習生もレフェリーもレスラーも全員面倒見るから移籍してこいよ」

「もう十分やったな」と思った。女子選手たちにはＲＥＩＮＡという受け皿があったし、たいして盛り上がってもいない組織で若い選手をくすぶらせ未来を閉ざしてしまってはいけない。

僕自身もこれを機に、一レスラーへ戻ることにした。ＷＮＣはこうして、ひっそりとその幕を閉じたのだった。


ＷＥＳＴＬＥ－１に移籍したものの、僕自身これといった目標もなく、ただなんとなく試合をこなす日々が続いた。そのうち武藤さんから大会のプロデュースを任せられて、しばらくそういう仕事もしたのだが、しだいに、もしかすると自分のやることはもうここにはないのではないか、そんな気持ちも抱くようになっていた。

また、このころにはすでに鍼灸学校を卒業し国家試験にも合格しており、試合のない日は鍼灸院で実践修行をこなす日々も送っていた。

「もしかすると、このまま鍼灸の道に突き進むべきなのだろうか」

そんなことすら考え始めていた。

しかし同時に、あることが気になり始めていた。アメリカである。KENTA選手に中邑真輔選手、ASUKAらがWWEで大活躍しているニュースを目にするにつけ、

「最後にもう一度アメリカに住んで、WWEでプロレス人生を終わらせるのもいいなあ」

そんな想いを漠然と抱くようになっていた。しかし、それはありえないことだとも思っていた。なにしろこの時点で退団から一一年が過ぎており、四五歳になっていたのだ。そんな立場の外国人選手が再び契約したなんていう前例は、長いWWEの歴史においても一度としてないのだ。

それでも一度気になりだすとどんどん気になってきてしまい、一一年間まったく見ることのなかったWWEの試合映像をやたらと見るようになっていた。

そして、そんなある日、アメリカからメールがきた。なんとWWEからだった。

「クルーザー級を復活させるので、TAJIRIに協力してもらいたい」

それを目にした瞬間、「うわ！　ホントにきちゃったよ！」と絶叫し、飛び跳ねて

しまった。

そのうちリーガル師匠からも連絡がくるようになり、こんな話も聞かされた。

「今回のクルーザー級復活に関するはじめての会議の際、では誰を参加させようかという議題になって、トリプルHが最初にホワイトボードに書いた名前がＴＡＪＩＲＩくんだったんですよ」

これは、正式に戻りたい意思を伝えてもいいのかもと思った。

それから数か月後。僕は一一年ぶりにＷＷＥのリングに上がった。アメリカのファンは大歓声で迎え入れてくれた。

「やっぱり僕の死に場所はここしかないな」

そんな気持ちになり、リーガル師匠に想いのすべてを話した。するとすぐにトリプルＨに話をつけてくれ、あっけなく「いいよ」ということになった。

リーガル師匠は何度も日本まで直接電話をしてくれ、「以前と同じ契約内容でも大丈夫ですか」と、会社と僕の間に入って面倒くさい話をすべてまとめてくれた。

こうして僕は一一年ぶりにＷＷＥへ本格復帰することになった。

第7章

巨大帝国WWEの変貌

——システムと個人

「一月一日にアメリカにこい」

前述したように、ＷＷＥ復帰にあたってはリーガル師匠が骨を折ってくれ、僕は以前所属していたときと同じ好条件で契約することができた。

契約は二〇一六年の一二月から。この月の頭に大阪でＮＸＴ公演があり、僕も出場している。ファンのみなさんは特別参戦と思っていただろうが、じつはこの時点ですでにＷＷＥ所属となっていたのである。

そして、その数日後。いよいよ渡米日時を伝える連絡がきた。

「一月一日にこい」

これには「早くもこれか！」と思った。

正月だろうとクリスマスだろうと、そんなものはまったく関係なしにＷＷＥのスケジュールは組まれていく。よりによって初っ端から元旦にアメリカへこい、とは。

しかしＷＷＥと契約した以上、「ノー」という返事はないのだ。

一月一日にうちの奥さんと二人の子どもと一緒に、車を運転し成田空港へ向かった。家族は僕が一年かけて再びアメリカでの生活の基盤を整えたあとで渡米することになっていたので、正月からしばらくのお別れである。

ＷＷＥの選手養成機関パフォーマンス・センター（ＰＣ）の近くに住むことが契約の条件となっていたので、成田からフロリダのオーランドへ。時差の関係で一日にオーランドに到着すると、空港でレンタカーを借り、自分で運転しＰＣ近くのホテルに向かった。ホテルは会社が手配してくれていた。

ホテルに到着すると夜中の一時。「ホテルは一週間とってある」と言われていた。その間に自分でアパートを探さなければいけないのだ。

KENTA選手が会場に連れていってくれた

ホテルの部屋に入り荷を解き、パソコンを開ける。日本ではガラケーを使っていたので、アメリカ生活には欠かせないスマホを早く買わねばと思った。届いていたメールには「明日、タンパのロウ（ＲＡＷ）にこい」と書かれていた。

ホテルからタンパまでは車で二時間弱。お昼の一二時には会場入りするのがテレビ収録日のルールなので、一〇時前にはホテルを発たなければいけない。

ホテルの近くに住んでいるKENTA選手（ヒデオ・イタミ）に電話してみた。

「いきなり明日からですよ」

「ええっ？　クタクタでしょ。僕が運転していきますよ」

こうして、KENTA選手が僕を会場まで連れていってくれることになった。

翌朝、KENTA選手が迎えにきてくれた。二時間かけ会場に着く。ガラガラとカバンを引きずりバックステージに入っていくと、かつてと同じ光景がそこにはあった。あくせくと動きまわる無数のスタッフ。あらゆる機材の山。足元には歩くのも躊躇するほどの配線の束。いつも異様に効きすぎている場内の冷房。各部所を示すあちこちに貼られた紙。

その中の控え室を示す貼り紙の矢印どおりに歩いていくと控え室があった。それほど広くない空間に、足の踏み場もないほどの数のカバンが無造作に置かれている。レスラーがどこにも見当たらないのは、みな会場に着き控え室にカバンを置くと、すぐさまケータリングへ向かい食事をするからである。

「変わらないなあ……昔と」

何もかもが昔と同じだった。変わったのは……、あれから年齢を重ねた自分だけのような気がした。

僕もKENTA選手とケータリングへ。懐かしい顔がたくさんいた。エージェント、リングアナ、レフェリー、アスレチックドクター、ライター、カメラマン……。レスラーで当時から残っているのはクリス・ジェリコとケインとビッグ・ショーとランディ・オートンとマーク・ヘンリーだけ……と思ったら、かつて二年間ほども一緒にドライブし全米をまわったジョン・シナもいた。

「TAJIRI！　噂には聞いていたが、どうしていまさら戻ってきたんだ？」

僕は、こう答えた。

「WWEでプロレス人生を終えようと思う。骨を埋《うず》めに戻ってきたんだ」

「……そうか。ならば、とことんやり尽くさないとな」

ビンスはあいかわらずビンスだった

控え室へ戻る通路を歩いていると、向こうからもの凄いオーラを放つスーツ姿の人物が歩いてくるではないか。ビンスだ。

「ビンス！」

こちらを見て珍しいほど笑っているので、僕もついニッカリと大きく笑ってしまった。一一年ぶりの再会。老けた感じはまったくしない。

握手からのハグを交わすと、

「元気だったか。家族も元気か」

それだけ聞いて、もう一度ハグして、足早にどこかへ去っていってしまった。もしかすると、このときが僕の人生でビンスと話をする最後の機会だったのかもしれないが、このときはそんなことは知るよしもない。

その日は試合が組まれていなかった。もともと会社はクルーザー級の番組〈２０５Ｌｉｖｅ〉要員として僕と契約したようだったので、その収録はロウではなく明日のスマックダウンでおこなわれるはずである。

なので、どうしてこの日のロウに呼ばれたのかはよくわからなかったが、WWEでは得てしてそういうことがあるのだ。それでも会場のスクリーンでは「明日、TAJIRIが帰ってくる！」というコマーシャルが何度も流されており、明日は確実に出番があることをそれにより知った。

帰りもKENTA選手に運転してもらい、疲れと時差ボケが一気にきた僕は助手席でずっと寝てしまっていた。ホテルに着いたのはとっくに日付が変わっている時刻。明日は車で三時間はかかるジャクソンビルでスマックダウンの収録である。KENTA選手はパフォーマンス・センターでの練習があるので、明日は自分で運転しなくてはならない。

一軍昇格直前の中邑真輔選手と再会した

翌日は雨だった。一〇年以上ぶりに一人でアメリカを長距離ドライブ。車にナビはなく、スマホも持っていないので勘を頼りに会場までたどり着くしかない。以前はつねにそうしていたので、まあ大丈夫だろうという気でいたのだが……。

道に迷い、会場に到着するのが二時間も遅れてしまった。事前に連絡を入れていたので問題はなかったが、WWEにおいて遅刻は本来ご法度である。ちなみに以前僕がいた時代、無断遅刻の場合は五〇〇ドルの罰金が課せられていた。WWEは徹底してプロフェッショナルな組織なのだ。

ケータリングに行くと、中邑真輔選手が一人ノンビリとメシを食っていた。

「お久しぶりです！」

どちらからともなく挨拶する。

「中邑さん、今日、何か出番ですか」

「いえ、出番はないと思うんですけど、朝いきなり電話があって、くるように言われまして」

当時の中邑選手はNXT王者であり、一軍昇格を目前に控えていた時期。まもなく昇格する予定の選手をテレビ収録会場へ呼び、バックステージの雰囲気になじませるような習慣は以前からあったので、きっとそれなんだなと思った。

まわりを見ると、向こうにはやはり当時NXT女子王者だったASUKAもいた。

彼女も昇格目前なのだろう。遠くから手を振るとこちらに気づき、ペコリと会釈し返してくれた。

リングに上がった瞬間、違和感が湧いてきた

〈205Live〉はスマックダウン収録終了後におこなわれる。WWEネットワーク生配信だ。

僕は第一試合に登場した。そして、いきなり滑った。

対戦相手の曲がかからず、かかったのは僕の曲だけだった。だから、僕は自分が先に入場したものと思い込んでいた。しかしWWEでは、無名選手の入場は視聴者が先週の振り返り映像などを見ている合間に無音でひっそりとおこなわれることが多い。やはり無名な僕の対戦相手はすでにいったんリングに上がっており、僕が入場する際は収録の画的理由で場外に身を潜めていたのだ。

僕はそれに気がつかず、次に相手が入場してくるものと思い込み、入場ゲートを睨みつけていた。そして背後からレフェリーに「リングベル！」と声をかけられ、振り

向くとそこに相手が立っていた。心の準備もないままにいきなり試合開始とあいなったのである。

僕は「やってしまった！」という嫌な感覚をずっと抱いたまま試合に入り、良くもなければ悪くもない内容の試合をしてしまった。

入場ゲートの裏に戻ると、そこでイヤホンをつけモニターをチェックしているビンスがいた。一瞬目があったが、特に何も言う様子はなかった。良い試合だった場合、ビンスはかならず親指を立て「グッドマッチ！」と言うのが恒例だ。

良くも悪くもない。ビンスの目にもそう映ったのだろう。

なんだか空まわりしているな……。

そう思った。そして、じつは試合開始と同時に、僕には一つ、ある感情が湧き上がってきていたのだ。

それは……。ＷＷＥではテレビ収録の試合の際、レフェリーは耳にイヤホンを仕込んでおり、舞台裏から刻一刻と伝えられてくる残り時間を選手に伝えながら試合をおこなう。ゴングが鳴ると同時に、まずレフェリーが「〇〇ミニッツ！」と試合全体の持ち時間を選手に伝えるのだ。

特に生放送では、すべてを秒単位でミスなく進行させなくてはならない。なので、このときもゴングが鳴ると同時にレフェリーから伝えられた。「五ミニッツ！」と。

そして僕は、それを聞いた瞬間、あれほど望んで戻ってきたＷＷＥのリングだというのに、まったく違う感情が湧き上がってきたのだ。

「なんで、こんながんじがらめのプロレスに戻ってきてしまったのだろう」

厳しい規則とシステムができあがっていた

翌日、朝一〇時にパフォーマンス・センター（ＰＣ）へ向かった。

新年度から新たに契約したレスラーたちを集め、今後のことを説明するという。正直「いまさら……」という気もしたが、会社の命令にはすべて従わなくてはいけない。新たに契約したメンバーは総勢一〇人ほどいた。みな若い。ほとんどが二〇代だった。

このとき僕は四六歳。なんだか場違いというか、恥ずかしい気さえした。本来この歳でＷＷＥに関わるとすればエージェントなどの裏方として、というのが普通なのだ。

そして、全員が一室でイスに並んで座らせられ、なにやら分厚い書類の束を渡された。

「ん?」

契約書なら、すでに交わしたはず。これはいったいなんだろう。見ると、WWEの一員となるうえでの規則のようなことがビッシリと書かれている。

「こういう会社になっちゃったのか……」

かつて在籍していた当時のWWEには、古き良きアメリカン・プロレスの残り香がまだ存在していたと僕は思う。あるレスラーなどはハウスショーに酔っ払ってやってきたこともあるし、エージェントに中指を突き立て大ゲンカしたレスラーもいた。退団する目前にはそういう雰囲気もだんだんと薄れてはいたが、規則でビッシリなんていうことは決してなかった。

試合がある日以外は毎日PCでウエイトトレーニング、プロレス、プロモーションのクラスをコマ割りで受講。

さらには、僕も含め英語圏以外の国からやってきたレスラーは週二回、英会話クラスを受講することも義務であると聞かされた。

「校則が厳しい学校かよ……」

といっても、別にこのシステムを批判しているわけではない。そうではなく、時代とともに万物はこのように変化していくのだなあという感慨を抱いたということである。一一年ぶりにWWEへ戻ってきて、時の流れをあらためて思い知らされたようだった。

その夜、まさかの大アクシデントが起きた

パフォーマンス・センター（PC）での説明会を終えると、オフィスの人から声をかけられた。

「TAJIRIはいまから病院でメディカルチェックを受けてきてくれ」

じつは、僕はこのことがずっと気にかかっていた。WWEでは契約前に綿密なメディカルチェックをすませ、身体的問題がないことを明確にしたのち契約を結ぶのが一般的である。

しかし、僕はこのプロセスを経ずに契約を結んでいたのだ。

それが可能だったのは、かつて長年在籍していたことによる「まあ、TAJIRIはどうせ大丈夫だろう」というアバウトな信頼が、WWEの実質ナンバー2であるトリプルHやリーガル師匠といった幹部どころにあったからではないかと思う。

メディカルチェックは問題なくパスした。すると、同行してくれていたオフィスの人に会社から電話がかかってきた。

「TAJIRIは今夜のNXTのショーに出るようトリプルHが言っている。いますぐコスチュームを持って、フルセイル大学へ行ってくれ」

まだアメリカに到着して三日しか経っていないというのに、目がまわるほどのあわただしさだ。すぐさまホテルへ戻りコスチュームをカバンに詰め、PCからほんの目と鼻の先にあるフルセイル大学に向かった。

NXTのテレビ収録は、たいていここの体育館でおこなわれている。

今夜はテレビ収録後のダークマッチとして、中邑選手と組みサモア・ジョー&ボビー・ルード組と戦うという。僕以外のメンバーは当時のNXTではいちばんのトップどころだったので、このカードに編入されたということは、

「トリプルHが信頼してくれているんだな」

と思えて、正直うれしかった。

ところが、試合開始直後に大アクシデントが発生してしまうのだ。

先発は僕とサモア・ジョーだった。軽い牽制のつもりで、ジョーの左腕に右のミドルキックを繰り出してみた。と、ヒットしたその瞬間だ。

ピキッ！

蹴り脚の右膝から音が聞こえて、「ガクンッ！」と外れるような感触があった。脚をマットに戻すと右膝の踏ん張りが効かなくなっていた。

「やっちまった！」

以前、ＷＷＥに所属していたときに左膝の前十字靭帯を損傷したことがあるのだが、そのときと同じ感覚だった。それでも、試合中はなんとか動けてしまうのがプロレスラーという生き物で、その試合も傍から見るぶんには、特におかしなところもなく滞りなく終えたように見えたはずである。

試合後、控え室に戻ってくると膝が真っ赤に腫れあがり、感覚がなくなっていた。すぐさまドクターを呼び応急処置を施してもらったが、これでは確実にしばらく試合どころではなくなる。ちなみに、僕はこの段階で翌週のロウとスマックダウンにも同行することになっていた。

翌日、ＭＲＩを撮りに行かされた。診断結果はやはり前十字靭帯損傷。とりあえず、来週の試合はキャンセルとなった。当然である。そして、ＰＣのドクターはこんな提案をしてきたのだ。

「手術を受けなさい」

僕はドクターに聞いてみた。

「手術を受けたら、試合に出られるまでどれくらいかかるんですか」

「九か月だな」

このときほどの絶望感を、それまでの人生で味わったことはなかった。

ＷＷＥが誇るパフォーマンス・センターでの一日

ここで、現在のＷＷＥが最重要拠点としているパフォーマンス・センター（ＰＣ）での一日について語っておこう。

ＰＣはフロリダ州オーランドにある、ＷＷＥの新人養成機関である。以前僕が在籍していたころにはまだ存在していなかった。アメリカ国内にとどまらず世界中から有望な若者を集め、おそらく一〇〇人以上のレスラーをここで養成している。

かつてのWWEではヨソから使えるレスラーを引き抜くことにより戦力補充する方法が主流だったが、現在は自前でレスラーを養成してしまえるわけである。

僕は今回の契約では、PCで新人を教えることも暗黙の条件の一つであると、リーガル師匠から聞かされており、PCのあるオーランドに居を構えなくてはいけなかった。現在、WWEと新たに契約するレスラーはほぼ一〇〇パーセントがPCからのスタートである。

PCでの生活は朝九時から始まる。が、全員が三〇分前には集合していて、それぞれがその日のスケジュール通りに、ウエイトトレーニングのクラス、プロレスのクラスなど各クラスに移動し、一日がスタートする。

僕は、どのクラスにも一度も参加したことはなかった。いきなり膝を怪我してしばらくは歩くことがやっとだったし、リーガル師匠からは新人を教えることもやりなさいと言われていたので、いまさら受講する側にまわるわけにもいかない。

今回の契約に際し、このあたりがじつにあいまいだった。教えることに関する部分が特に明文化されていたわけでもなく、それはトリプルHとリーガル師匠の間でも「なんとなく」とアバウトに処理されてしまったようで、正直、どうしたらいいのか誰にもよくわからなかったのではあるまいか。

そこでPC所長のマット・ブルーム（かつて新日本プロレスでジャイアント・バーナードとして活躍した）に相談したところ、

「では、ロビーのクラスの教官補佐をやってくれ」

ロビーとはイギリス人のロビー・ブルックサイドという元レスラーで、PCでは主に最初心者のクラスを担当していた。

ちなみにPCでは各レベルに応じた段階的なクラス分けをしており、ロビーのクラスはもっともPC歴の浅い中国人の新人がほとんどだった。彼らはこの前年に上海でおこなわれたトライアウトに合格したメンバーである。

中国の巨大マーケットはやはり魅力的なので、WWEにとってこのクラスの生徒たちを「商品」にできるかどうかは将来的に重要であるようだった。

最近では小さなインディー団体が誕生してきているようだが、中国にはそもそもプロレスという文化が存在しない。なので、トライアウトに合格した彼らも子どものころにプロレスを見たという原体験がない。

プロレスを見たことのある人間なら、軽く腹を蹴られた場合は、「オウッ!」と蹴られた箇所を手で抑え痛みをアピールする、といったことが瞬時にできるが、中国人の彼らにはそれができないのである。

だから教える側もそこからのスタートになるのだ。僕が加わった時点ではすでに彼らのレベルもそこそこ上がってはいたようだが、これからWWEが真に世界へ勢力を拡大していく道のりには、こうして異文化を理解し噛み砕き、一から構築していく作業が必要なんだな、と思ったものだった。

さらにPC所長のマットからは別のグループを教える指示も出た。

「彼らの欠点を補うクラスもやってくれ」

すでにデビューしている数名のレスラーへの補講クラスの担当である。アフリカ系アメリカ人四名、インド人三名。彼らはすでにNXTの試合にも毎週出ていて、レベル的に致命的な欠点はすでにどこにもなかった。あとは、ほんの少し足さばきや歩幅、相手と向き合う際の手や視線の位置を変えるだけで格段に良くなりそうだったので、僕はそういった細かい点を中心に彼らに教えた。

こうして一日に二クラスを担当し、週に二回はマンツーマンの英会話クラスへ出席。そんな生活を僕はＰＣで送っていた。

「おまえはWWEで永久に試合できない」

新人たちに教えながらリハビリにも精を出し、僕の膝は快方へ向かっていた。ドクターはあいかわらず手術を勧めていたが、どう考えてもその必要はないほど日に日に回復しているのだ。

三週間が過ぎるころにはジャンピングスクワットもできるようになった。それでもドクターがゴーサインを出すまでは試合出場許可が下りない。それは現在のＷＷＥにおいて絶対のルールなのだ。

しかし僕はこの欠場期間を「プロレスの神様が与えてくれた骨休み」と、前向きに解釈するようになっていた。実際、欠場中にアパートを探し、車も購入し、アメリカの運転免許再取得など生活に必要なことはほぼすべて終わらせることができていた。

そんなある日、あらためてドクターに尋ねてみた。

「こんなに動けるんだから、もう出場許可を出してもらえませんか」

だが彼は頑として拒否する。

「靭帯は一度伸びるともとには戻らない。手術しないと絶対にダメなのだ」

「だけどクリアテスト（試合出場の可否を判断するテスト）にパスすれば問題ないでしょ？」

「では明日おこなってみよう。無理だと思うけどね……」

僕に手術を拒否されたことでドクターは意地になっているな、という気がした。

翌日。ドクターと二人のトレーナー監視のもと、すべての課題にパスした。それでもドクターだけは懐疑的だった。

「そうかな？　治ったとは思えないが……」

それでも、その日の夜には翌週のロウへ行くよう会社から指示がきた。ただし条件つきだ。

「ＰＣのドクターだけでなく、ロウとスマックダウンのドクターからもＯＫが出たら正式に試合出場を許可する」

はたして、どちらのドクターもＯＫを出した。二日目のスマックダウン収録後の

〈205Live〉では、試合ではないが悪者のブライアン・ケンドリックに毒霧を噴きかけ、今後のストーリーも発生している。

そして、翌週も、翌々週も、会場には呼ばれた。

しかし、ストーリーが発生していたにもかかわらず、ドラマの続編が組まれることはなぜかなかった。僕はその理由を旧知のライターに尋ねてみた。

「ビンスが『TAJIRIは〈205Live〉ではなく何か違う使い道があるはずだ』と言っている」

なので、次のアイデアが決まるまで出番はない——。

WWEではよくあることだ。ならばしかたがない。気長に待つことにしよう。それに正直な話、僕は〈205Live〉には少しも乗り気ではなかったのだ。

せっかくWWEに戻ってきたからには、ヘビー級のデカいレスラーを相手に、昔のように「小さくてズルい東洋人」キャラ全開で戦いたかった。ビンスも、きっと同じ意見なのだろう。

しかしアイデアはなかなか出ないらしく、その翌週にはとうとう自宅待機の連絡がきた。

そんな鬱々《うつうつ》とした状態ながらも、ＰＣでの指導は毎日こなしていた。そんなある日、所長のマットに呼ばれた。

「ＴＡＪＩＲＩ、ちょっといいか……」

何か良くないことだな、と直感した。

「ＰＣのドクターが、おまえの膝は手術しないと治らないから試合出場許可は永久に出せないと言っている」

これには驚いた。

「ええっ？　だって、こうしてもう全然大丈夫だし、他のドクターはＯＫしているじゃないですか！」

「そこはオレも専門外なのでなんとも言えない。そこで……、どうだ？　おまえ、コーチ専門にならないか」

突然の提案だった。僕はマットに聞いてみた。

「その場合、どういう順序を踏めばいいんですか」

「いま、おまえが交わしているのは選手としての契約だから、コーチ契約にスイッチしないといけない」

「そしたらギャラはどれくらいになるんですか」

「まず、これくらいからだな」

アメリカへ移住してきた外国人が暮らすのにはトントンといったくらいの金額だった。

「なんとかならないんですかね」

「手術をすればいいじゃないか！」

しかし、四六歳の僕には九か月間もの欠場なんて考えられなかった。それに実際、膝はすでに回復しているのだ。

「とにかく、このままではおまえは永久にＷＷＥで試合できない。あとは自分でよく考えてくれ！」

この時期、ＷＷＥは年間最大のビッグマッチであるレッスルマニアを目前に控え、誰もがバタバタ動きまわっていた。一年中でいちばん忙しい時期だ。

なので僕の処遇もいったん放置というか、誰かが「では、こうしよう」と言ってくることもなく、僕自身もそんな時期であることはわかっていたので、あえて自分から何か提案することはせず、なんとなく日々の指導をこなしているだけ、という状態がずっと続いた。

PCでの仕事は夕方四時に終わる。一人アパートに戻り、まだ家具も何もない部屋でパソコンを見ながら酒を飲む。それだけが楽しみだった。日本にいる仲の良いレスラーに連絡すると、「先週は九州ツアーでしたよ！」なんて楽しそうな返事ばかりが返ってくる。

「帰ろうかな……」

それが口癖になってしまっていた。毎晩、ビール六本をチェイサー代わりにウイスキーかウォッカをボトル半分か、普通サイズよりも大きなワインを一本空けていた。あのままの状態でWWEに在籍し続けていたら、いまごろはアル中になっていたかもしれない。

そして、レッスルマニアが終わった。WWEにとっての「新年度」のスタートである。一発目のNXT収録。

この日、僕は、

「いまのこの宙ぶらりんな状態を、なんとかしなくては」

とトリプルHに相談するつもりでいた。NXTはトリプルHがボスとしてショーを仕切っている。ちなみにナンバー2はリーガル師匠である。

その師匠からも、

「レッスルマニアが終わったら、一緒にトリプルHに相談してあげます」

と言われていた。

なのでショー終了後、会場内に設けられているトリプルHのオフィス代わりの部屋へ向かった。

と……、トリプルHの部屋のドアの前に、リーガル師匠が立っていた。

「いまポール（トリプルHの本名）は深刻な問題を抱えているので、今日、相談するのは無理かもしれません」

と言う。

ガラス張りの部屋をのぞくと、トリプルHが机にヒジをつき、両手で頭を抱え下を向き、たしかに何か深刻なことを考えているように見えた。

と、トリプルHが一瞬こちらを見て、僕と目が合ったような気がした。しかし、次の瞬間には確実にもとの状態に戻っていたので、もしかしたら目など合わなかったのかもしれない。

「また次回にでもお話ししましょう、私も同席しますので」

「わかりました、師匠」

一人アパートへ帰る車の中、僕はある確信を抱いていた。トリプルHは、人事に関することで頭を抱えていたのだ、そうに違いない。なぜかというと、WWEでは大きなショーを終えた直後に、大量解雇をおこなうことが常だからである。

その場合、いまの宙ぶらりんな立場では今後のことなど話し合う余地もないまま真っ先に白羽の矢を立てられるであろう。そんな気がした。

アパートに着き、車を降りる。ドアを閉めた瞬間、

「この車、誰か買ってくれるかなあ」

無意識に、そんなことを口走っていた。

翌日。いつものようにPCへ向かい、中国人の新人たちを指導していると、受付のおばちゃんが、

「ちょっといい?」

「はい?」

「シーマンがオフィスへきてくれって」

キャニオン・シーマンは、トリプルＨの右腕である。彼が呼んでいるということは……、とうとうか、と思った。

オフィスへ行くと、シーマンが一人で椅子に座っていた。余計な話は一切せず、いきなりこう切りだした。

「キミの膝は使いものにならないとの報告がドクターからきている。だから選手契約は解除する」

とうとうこの瞬間がきたな、としか思わなかった。かつて長いこと在籍していた会社だ。いつかこうなることはわかっていた。

そして、シーマンは続けた。

「コーチ契約も、いまのキミの英語能力のままでは難しいと思う」

「はあ……」

もう、何を言ってもムダなことはよくわかっているので、それ以上何かを聞き返すこともなかった。ただ、退団するにあたって今後の流れだけは聞いた。

「ギャラは来月いっぱいまで出す。ビザも来月で失効。アパートは自分で解約手続きをすませ、車を売り渡すことについては、こちらでも誰か候補者をあたってみる」

「OK……、短い間でしたがありがとうございました」

そして退室するとき、シーマンは最後にこう言ったのだった。

「ああ、それから。いまアジアで勢力拡大を狙っているから、またキミが必要なときは声をかける。そのときはよろしく頼むよ！」

平然と、そう言ってのけた。

「スゲェ会社だなあ…」

たった四か月間のＷＷＥ復帰は、こうして終わった。

ＷＷＥへの未練を成仏させるための「神様からの贈り物」

そのまま指導には戻らず、ＰＣを出た。すぐさま日本にいる奥さんに電話をかけた。

「いま契約解除になっちゃった」

「えええー！」

電話の向こうでひっくり返ったのではと思うほどの驚きようだった。

「じゃ、どうするの？」

話しながらふと空を見上げると、こんなにも青いオーランドの空にはじめて気がついたような気がした。この四か月間、思えば空を見上げるなんてことは一度もなく、いつも下を向いて暮らしていたような気さえする。

「……しばらく、アメリカで遊んでから帰るよ！」

車に乗り込み、エンジンをかける。車を走らせる。窓の向こうにはオーランドの青い空と白い雲がどこまでも続いていた。と、なぜか無性にワクワクしてきてしまい、僕は叫んでいた。

「やったあああ！　オレは自由だあああ！」

あれほど望んで復帰したWWEだというのに、そのWWEを解雇されたというのに、うれしくてしかたがなかった。

僕はそのままスーパーへ車を走らせ、大量の酒と、カキやマグロといった生の魚介類に分厚いビフテキ用の肉を買い込みアパートへ戻った。まだ明るいうちから一人宴会である。しばらくすると、契約解除の情報を耳にしたレスラーたちから次々に連絡がきた。教えていたレスラーたちからの、

「英語力のどこに問題があるというんだ！　ＴＡＪＩＲＩが教えることがいちばんわ

かりやすかったぞ！」

そんなメールのおかげで、心のどこかにあった最後のしこりもスッカリ解消できた。日本へ帰るのは三週間後と決めた。その間はとにかくアメリカをエンジョイし遊びまくった。アパートの解約も滞りなく手続きが進み、教えていた中国人の生徒たちは「みんなで買います」と、買い値と同じくらいの価格で車を引きとってくれた。

たった四か月間のWWE復帰だったが、ある結論が自分の中で導き出されていた。

こういうことである。

僕は、かつてWWEに所属していたが、みずから退団した時点でWWEでの役割をじつは完全に終えていたのだ。もう、WWEでやることなど何一つなかったのだ。

それでも、ある時期から再びWWEで、アメリカで生きてみたいと思うようになっていた。しかし、そこに僕の役割などすでにない。それでも、プロレスの神様は、そんな僕の想いを「成仏」させるために、あえて再びWWEへ戻してくれたのだ。

実際、僕はこの四か月間WWEに復帰できたことで、自分の人生におけるWWEへの想いを完全に成仏させることができた。この四か月間は、プロレスの神様からの最高のプレゼントだったのである。

昨年のこと。志なかばにして、ある日いきなりＷＷＥを解雇になってしまった某レスラーと酒を飲みながら、この四か月間の出来事を詳細に話したことがある。

するると、彼はこう言った。

「いいなあ……。オレもＷＷＥを成仏させたいですよ」

ＷＷＥは時代とともにその姿をどんどん変えながら、プロレスラーならば誰もが憧れる最高峰の舞台として、今日も世界のど真ん中に絶対帝国として君臨し続けている。

終章

そして、いま僕は何をしているのか

やっぱりウルティモ校長は次元が違った

ＷＷＥから日本へ帰ってきて、いま僕はさまざまな団体・プロモーションのリングに上がっている。

ＷＷＥのドクターに「永遠に使いものにならない」とまで言われた膝はなんともない。帰ってきてからしばらくの間は、まだオーランドに住んでいて、これからパフォーマンス・センター（ＰＣ）へ教えに行かなくてはならない、という夢を見て飛び起きるなんていうことが何度かあったが。

帰国してまず全日本プロレスのリングに上がるようになり、二か月ほどで世界ジュニアヘビー級王座を手にした。これまでアメリカのメジャータイトルは何度も獲得しているが、じつは国内でのメジャータイトル戴冠ははじめてのことだった。

「ああ、これはプロレスの神様が『しばらくは日本に腰を落ち着けなさい』と言っているんだな」

僕にはそんな気がした。

その年の夏には、世界ジュニアのベルトをめぐり僕がプロレスラーになるきっかけとなったウルティモ・ドラゴン校長と抗争を展開した。両国国技館でウルティモ校長にベルトを奪われた試合は、「すべての動きに意味があり無駄な展開が一瞬もない」、これまでのプロレス人生で最高峰の名勝負ができたと思っている。正直、この歳になってそんな試合ができるとは考えもしなかった。

ウルティモ校長と戦っていていつも思うのは、「レスラーとしての次元が違う」ということだ。

プロレスとは「人間の所業」である。なので、ハートが綺麗な人はそういう試合をするし、ハートが薄汚い人はやはりそれが試合に出てしまう。そして独自の哲学を持つ人は、試合にもその哲学が表れるのである。

ウルティモ校長の試合からは、高貴で、豪奢《ごうしゃ》で、孤高の哲学が感じられる。キャリアを重ねる中で独自の哲学を構築しているプロレスラーの魅力は、はじめてプロレスを見るお客さんにもきっと伝わると思う。

「あの人、何か違うね」と。

ウルティモ校長のプロレス、中身である浅井さんの人生哲学には学ぶべき点がたくさんある。日本に帰ってきてウルティモ校長と一緒になる機会が増えたおかげで、いま僕はさまざまなことを学べている。

プロレスの未来のために僕ができること

全日本プロレスのリングに上がり始めて一年ほど経ったころ、欧州の数か国から連名でオファーがきた。

「試合をしにきてほしい。そして、プロレスを教えてほしい」

僕は欧州に飛び、約一か月間にわたりイタリア、マルタ、ポルトガル、オランダで試合をし、プロレス教室をしてまわった。

ありがたいことに、長きにわたりＷＷＥに在籍していたＴＡＪＩＲＩのネームバリューは何年経とうとも海外では絶大だった。どこの国のレスラーも関係者もファンも、いまだに大歓迎で迎え入れてくれる。

そうして欧州各国をまわって、僕は痛感した。

「ＷＷＥが世界へ急速に広まる反面、埋もれているレスラーもたくさんいるな」

そういったレスラーを発掘し陽の当たるステージへと導く手助けをすることも、これからの僕の使命ではないかと思っている。かつて自分がビクターにそうしてもらったように。

そんな気がして、帰国後、全日本プロレスの社長だった秋山準さんに話をした。

「マルタ共和国とイタリアにすごく才能のあるレスラーがいるので、全日本に呼んでいただけないでしょうか」

秋山さんに快諾してもらい、まずはマルタ共和国からギアニー・ヴァレッタが、次いでイタリアからフランシスコ・アキラが全日本プロレスにやってきたのである。

その合間には一試合だけだがポルトガルのレッド・イーグルというレスラーも全日本プロレスのリングに上がり、こちらは他団体への参戦だったが関係各位のご尽力でオランダのケンゾー・リチャーズというレスラーも日本のいくつかの団体のリングに上がることができた。

海外の有望な人材はまだまだたくさん存在している。そんな彼らを発掘し紹介していく活動も、今後の僕のプロレス人生における一つの使命ではないかと、最近では勝手にそんなことも考えている。

ここ最近では、東南アジアの国々で試合をしたりプロレス教室をする機会も増えている。フィリピン、香港、台湾、シンガポール、マレーシア……。

これはひとえに、東南アジア各国に急激にプロレスが広がっていることの証でもある。残念ながら都合が合わず行けなかったが、インドやパキスタンなんていうプロレスとは無縁そうな国からのオファーも届いている。

これらの国々の中で、いま僕がもっともハマっている、というか今後深く関わっていきそうだと予感がしているのがフィリピンである。

もともと、フィリピンには独自のプロレス団体は存在していなかった。しかしいまから六年ほど前、当時僕がプロデュースしていたWNCのオーナーの奥さんがフィリピン人だったことと、女子のエースだった朱里が日本人とフィリピン人のハーフだったという縁で、多方面からの協力を受けてマニラで大会を開催したのだ。

フィリピンでは以前からWWEが放送されており、プロレスそのものは認知されていて、そこそこの数のプロレスファンも存在していた。そして、僕たちのマニラ大会を目にし、影響を受けたプロレス好きな若者たちが集まり、フィリピンにプロレス団体を作っていたのだ。

その話を香港で出会ったフィリピン人のレスラーから聞かされた僕は、いてもたってもいられなくなり自腹でチケットを購入しフィリピンへと飛んだ。知らないうちに生まれていた我が子が海外で元気に育っているという知らせを受けたような、そんな気持ちになってしまったのだ。

現地で僕は「フィリピン・プロレス界の産みの親」的な歓迎を受け、その後すでに三回も招かれている。現地の道場ではフィリピンの若い選手たちに指導もする。みんな「いつかかならず、プロレスで大金を稼ぐ」と超絶ハングリーである。

これまで自分のおこなってきたことが、どこかで新たな芽を生んでゆく。プロレスとは「継承」されてゆく文化なのだ。それは国内でも同様で、ここ最近ではこれまで育ててきた弟子たちが自分の手で大会を開催するようになり、そこに呼ばれる機会も多くなってきている。

いま僕がやるべきことは、どんなに時代が変わろうとも絶対に変えてはいけないプロレスの「肝心な部分」（僕はそれを、この本の中で述べてきた）を次の世代へ伝えていくことなのだろう。そんなことを考えながら、僕は日々、リングに上がり続けている。

人生のリアルな縮図を見せたい

最近のプロレスではあまり見かけることがなくなったが「両者リングアウト」と「反則裁定」にこそ、プロレスというジャンルがこの世に存在している本来の意義が秘められている、と僕は思う。

昔のプロレスでは、「ここぞ！」という大勝負のときにかぎって不透明決着で終わることが多かった。

ジャイアント馬場さんが全盛のころの全日本プロレスなんて、世界一権威のあるNWA世界ヘビー級選手権ではだいたい、一－一から三本目は決まって両者リングアウトかレフェリー失神による反則裁定。ついに日本人選手が世界王座奪取か、そう思った矢先、無情のアナウンスが場内に流れるのだ。

「ただいまの試合、両者リングアウト（あるいは反則勝ち）によりチャンピオンの王座防衛となります！」

「あ〜あ〜！」

落胆の声をあげながら気づく。そうだった、NWAはピンフォールをとらないとベルトが移動しないんだった……。謎の「NWAルール」である。

観客は驚き、呆《あき》れ、怒り、釈然としない感情を抱えながらも、「ま、しょーがねーか。飲みに行こうぜ！」と会場を後にする。

世の中は理不尽さに満ちている。だから、世の中の縮図であるプロレスのリングにおいても、時には「理不尽なこと」が起こる必要があると僕は思うのだ。そこをゴマかしてはいけない。

昭和のプロレスにおいては、ファンの人たちを「嫌な気持ち」にさせて家路につかせることがままあった。そして当時のプロレスファンは、そこから自分なりに気持ちを切り替える方法を身につけたり、または、そこに何か深い意味を見いだそうとしたりして、人生における理不尽と対峙するための術《すべ》を学んでいたと思うのだ。

少なくとも、僕はそうしてプロレスからさまざまなことを学び、大人になった。

世の中にあるものはすべて、人間が成長するために存在していると僕は考えている。だから、プロレスも絶対にそうあるべきなのだ。

世の中、白か黒か答えが出ることばかりではない。両者リングアウトや反則裁定を受け入れられなければ、人生のどこかでかならず起きる理不尽な事態に対応できない人間になってしまうのではないだろうか。

プロレスは、そういう人間を育ててはいけない。人生のリアルな縮図を見せる。それがプロレス本来の役割だと思うのだ。

このことと関連して、僕が気になっているのが、いまのプロレス界では本当の意味での悪党が絶滅危惧種になってしまっていることだ。

少し前、ＳＮＳに「本当のヒールは嫌われることを恐れない」と書いたら、すぐにこんなリプがいくつも書き込まれた。

「それでは商売になりませんよ」

「オファーがこなくなりますよ」

時代は変わったな、と思わずにはいられなかった。

かつてプロレスには、ファンの人たちから心底嫌われ、カミソリ入りの封筒を送りつけられるような悪党が多数存在していた。ファンの人たちはわざわざチケットを購入し、そんな憎たらしい彼らへブーイングを送ることにより、贔屓のレスラーと一緒に「本気で戦っていた」のだ。

いま、プロレス界には「楽しいプロレス」という概念が蔓延《まんえん》している。

もちろん、楽しいという打ち出し方も「一つの正解」で、それを否定するつもりは微塵もない。楽しいことは良いことだし、ファンの方々にはどんどん楽しんでもらいたいと思う。見る側は好きなように見て、楽しんでくれたらいいのだ。

しかし、プロレスを見せる側までその概念に染まってしまって、その範疇から外れたものを提供することにビビッてしまってはいけない。プロレスというジャンルはもっと奥深いものなのだ。

「なるべくクレームのこないプロレスをしよう」としているようにも僕には見える。それでは、どんどんプロレスがツマラなくなり、やがて地球上から消え去ってしまうだろう。

生きていれば誰だって、さまざまな出来事に直面する。そのたびに僕たちの心の中には、喜び、悲しみ、怒り、落胆、希望、欲望、嫉妬……、さまざまな感情が渦巻く。

プロレスは、それらすべてを表現するものでなければならない。時には人間の邪悪さや醜さをさらけ出すことだって必要で、そこにビビッてはいけない。「楽しいプロレス」だけでは、人生の真実を表現することはできないのだ。

人間は、一人で生まれ一人で死んでゆく存在である。本質的に一人ぼっちで、己の行く手を阻む強大な敵が目の前に出現したら、自分の力で戦わなければいけない。プロレスは、そういった人間の生きざまを教示するジャンルだったと思うし、これからもそうあらねばならないと思う。

これは、僕がプロレスラーとして生きていくうえで最大の信念だ。

もしもプロレスがそこにウソをついてしまったら、いったいどこに本当があるんだよと、プロレスラーである僕自身がそう思うのだ。

あとがき

地方での試合後は必ず酒だ。飲まないなんて考えられないし、飲まなかったためしは一度もない。

一人で飲みに行くことも多いが、若い選手を連れていき、アレコレと話をすることもある。

全日本プロレスでの地方の試合後は、岩本煌史《こうじ》選手を連れていくことが多い。僕は彼のことを「岩本くん」と呼ぶ。

岩本くんは、

「出会ったばかりのころは、プロレスに関してＴＡＪＩＲＩさんの言っていることが少しも理解できなかった」

と言う。

これは岩本くんだけでなく、これまで僕が教えてきた弟子たちもたいがい同じことを口にする。

きっと、そういうものなのだ。僕自身、かつて大日本プロレス時代にいろいろと教えていただいたミスター・ヒトさんのおっしゃっていたことが、当時ほとんど理解できなかったのだから。

当初は僕の言うことがチンプンカンプンだった弟子たちも、いまではそれぞれの道へ立派に巣立った。

ありがたいことに岩本くんも、いまでは僕が何を言っているのかしっかり理解してくれているようである。

こうして、プロレスは継承されてゆく。

ある初秋の夜。試合後に二人で入った安酒場で、僕ははじめて岩本くんにこの本の話をした。

「今度こんな本を出すんだよ」

内容を大まかに話すと、

「それ、早く読んでみたいです！　きっと書いてあることを『そうじゃねえだろ』って批判する人たちもいると思うんですけど、誰もが同じ方向を向いている世の中なんてありえないし、気持ち悪いですからね」

そうそう、プロレスラーはそうでなくっちゃいけない。そもそも唯一無二を目指すべきプロレスラーが、孤立することを恐れていったい何ができるというのか。

「だけどあくまで『現時点でのプロレス論』だから、またしばらくしたら言うことが変わってくる可能性もある」

「いや、人間ってそういうもんじゃないですかね？　僕だって昔は『これが絶対なんだ！』と思っていたのに、いまになってみると『なんであんなこと思ってたんだろ？』みたいなこと、よくありますよ」

たしかにそうだ。ということは、この本も数年前に出版していたら、その内容が大いに違っていた可能性もある。

それに、僕自身がＳＭＡＳＨの最終回でこんな言葉をみずからリングの上で口にしたではないか。

「人生に起きること、すべて死ぬまでの途中経過にすぎない」

と。

そう、すべては途中経過にすぎないのだ。

そういうことをいつも肝に銘じて生きているつもりでも、日々の生活の中で忘れかけ、ときどき誰かのふとした一言で思い出させてもらったりする。人生ってそういうもんだ。

「完成形なんてないよな、たぶん」

「だとしたらずっと修行ですね」

そう、ずっと修行だ。プロレスも、人生も。

この本の中でも「若い子へ教えてきた」だなんてエラそうなことをずいぶん書いてしまったが、教えられているのはじつはこっちなのだ、いつも、きっと。

TAJIRI

二〇一九年一一月

編集協力　茂田浩司
撮　影　フォトスタジオアーツ
　　　　藤田和人
イラスト　Malpu Design（加藤京子）

著者略歴――――

TAJIRI たじり

プロレスラー。1970年生まれ。1994年IWAジャパンでデビュー。大日本プロレスを経てメキシコへ渡ったのち、米国ECWでトップ選手に。2001年にWWEに入団し、長きにわたって「日本人メジャーリーガー」として活躍。帰国後はハッスルでの活動を経て、SMASH、WNCで選手兼プロデューサーとして団体を率いる。その後、WRESTLE-1などを経て、現在は国内・海外のさまざまなリングに上がっている。WWEクルーザー級王座、WWE世界タッグ王座、世界ジュニアヘビー級王座、GAORA TVチャンピオンシップなど、国内外で数多くのベルトを戴冠。著書に『TAJIRI ザ ジャパニーズバズソー』(マガジンハウス)、『TAJIRIのプロレス放浪記』(ベースボール・マガジン社)がある。鍼灸師としても活動中。

プロレスラーは観客に
何を見せているのか

2019年12月23日　第1刷発行

著者　TAJIRI
ブックデザイン　Malpu Design(清水良洋+佐野佳子)
発行者　藤田 博
発行所　株式会社 草思社
〒160-0022 東京都新宿区新宿1-10-1
電話 営業 03(4580)7676 編集 03(4580)7680

本文組版　有限会社 一企画
本文印刷　株式会社 三陽社
付物印刷　株式会社 暁印刷
製本所　加藤製本 株式会社

ISBN978-4-7942-2432-3 Printed in Japan　検印省略

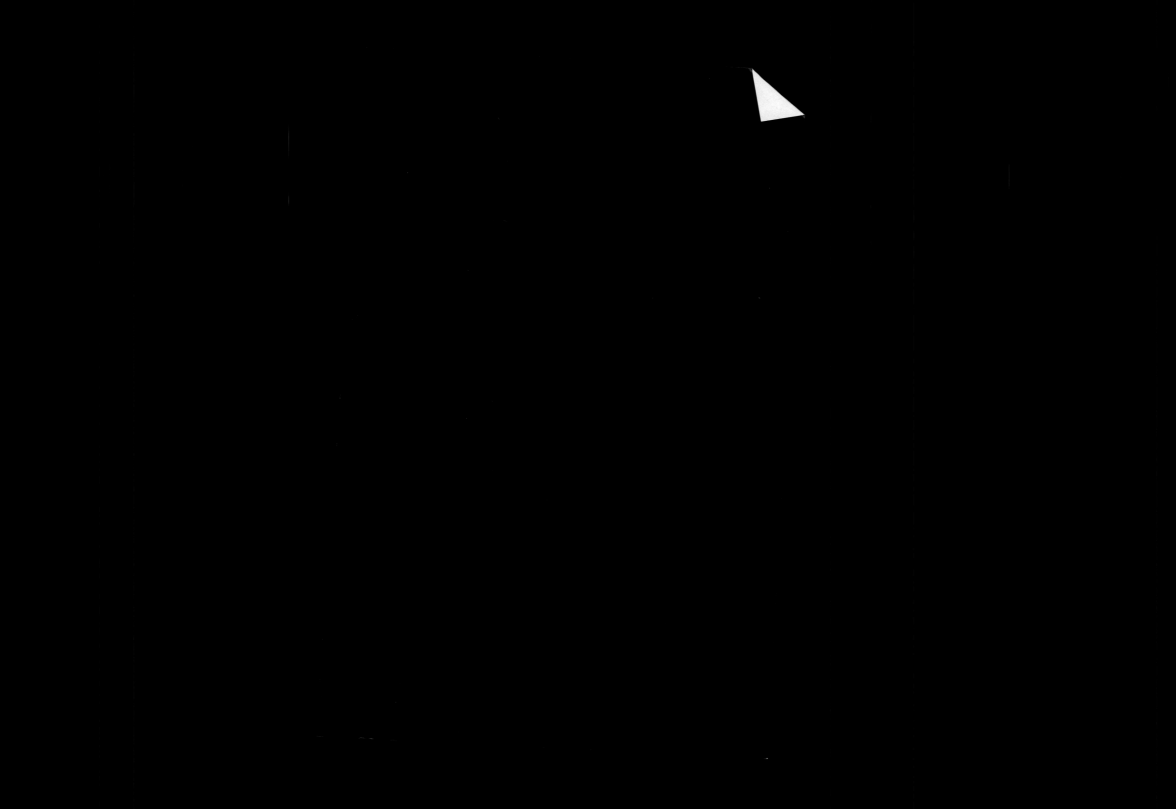

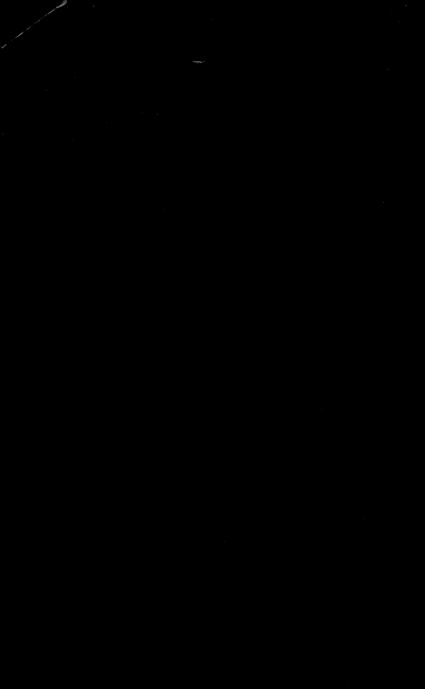